AF378170

増補
改訂版

「日本語能力試験」対策

日本語総まとめ
NIHONGO SO-MATOME

N1

佐々木仁子　松本紀子

ask

この本で使用しているマーク

→　関連する語彙
かんれん　ご い

↔　反対の意味
はんたい

❶　注意しましょう

（N）　名詞（noun）
めい し

（V）　動詞（verb）
どう し

☞ p.X　Xページを見てください

はじめに

この本は
▶「日本語能力試験」N1合格を目指す人
▶中級が終わって上級レベルの勉強を始めた人
▶日常生活でよく使われる語彙を学びたい人
のための語彙学習書です。

◆この本の特長◆

・日本語能力試験 N1 レベルの語彙をトピック・使い方などのグループごとに学びます。

・約 1,300 語を、その言葉だけでなく、短い文や語句を使って効率よく覚えられるよう工夫しました。

・言語知識（語彙）だけでなく、読解や聴解問題、日常生活でも役立つ語彙が身につきます。

・1 週間に 1 回分、テストがついているので、理解の確認ができます。

・英語・中国語・韓国語の訳がついているので一人でも勉強できます。

・模擬試験が 2 回分あるので、より実際のテストに近い形で確認ができます。

この本で覚える漢字は、毎日どこかで見る漢字ばかりです。
楽しく勉強していきましょう。

2022 年 10 月

佐々木仁子・松本紀子

This vocabulary study book is for:

- those who are seriously studying for the new JLPT Level N1,
- those who have finished the intermediate level study and are studying at the advanced level,
- those who want to study useful everyday vocabulary.

◆ The special features of this book ◆

- You will learn the JLPT Level N1 vocabulary through studying its usage in different situations,
- It offers efficient ways to learn approximately 1,300 words through the provision of short sentences, clauses, and illustrations,
- You will learn not only vocabulary but reading skills, listening skills and useful everyday expressions,
- The inclusion of a weekly test will enable you to regularly check your learning,
- The English, Chinese, and Korean translations will enable you to study alone,
- You can test your ability with the two JLPT practice exams

You will need to learn vocabulary for more formal sentences at the advanced level. Your small daily efforts will increase your vocabulary.

此书是专为以下学习者编著的语法学习书：
・希望通过新"日语能力考试"N1 的人
・中级已学完，开始学习高级内容的人
・专为希望掌握日常生活中常用词汇的人。

◆此书的特长◆
・日语能力考试 N1 水平的词汇，通过各组话题、使用方法来学习。
・约 1300 个词汇，除了词汇本身，还专门运用了短文、语句、插图等，有助于高效记忆。
・不仅是语言知识，同时可以掌握在读解及听力问题、日常生活中有用的词汇。
・每周都附有一次测验题，能确认掌握程度。
・附有英语、汉语、韩语的翻译，方便自学。
・由于有两套模拟考试，可以以更接近实际考试的形式测试水平。
到了高级阶段，需要理解在有些生硬的文章中所使用的词汇。
让我们努力扩大词汇量吧。

이 책은,
・신「일본어 능력시험」N1 합격을 목표로하는 사람
・중급이 끝나고 상급레벨의 공부를 시작한 사람
・일상생활에서 자주 사용되는 어휘를 배우고 싶은 사람
을 위한 문법 학습서입니다.

◆이 책의 특징◆
・일본어 능력시험 N1 수준의 어휘를 토픽・사용법등의 그룹별로 학습합니다.
・약 1,300 어를 그 말뿐만 아니라, 짧은 문장이나 어구, 일러스트를 이용하여 효율적으로 잘 외워지도록 궁리를 했습니다.
・언어지식 (어휘) 만이 아니라, 독해나 청해문제, 일상생활에서도 도움이 되는 어휘가 몸에 배게 됩니다.
・일주일에 1 회분, 테스트가 붙어 있어 이해도를 확인할수 있습니다.
・영어・중국어・한국어의 번역이 붙어 있어 혼자서도 공부할수 있습니다.
・모의 테스트가 2 회분 있으므로, 보다 실제 테스트에 가까운 형식으로로 실력을 확 인할 수 있습니다.
상급이 되면 조금 딱딱한 문장에서 사용하는 어휘의 이해가 필요합니다. 어휘의 폭을 넓히도록 꾸준히 노력합시다.

目 次

[別冊]　練習問題、まとめの問題の正解文の読み・解説／
　　　　模擬試験の答え・正解文の読み・解説

「日本語能力試験」 N１について

試験日

年２回（７月と１２月の初旬の日曜日）

※海外では、試験が年１回の都市があります。

レベルと認定の目安

レベルは５段階（N1 〜 N5）です。

N1 の認定の目安は、「幅広い場面で使われる日本語を理解することができる」です。

試験科目と試験時間

N1	言語知識（文字・語彙・文法）・読解	聴解
	（110 分）	（55 分）

合否の判定

「得点区分別得点」と、それらを合計した「総合得点」の二つで合否判定を行います。

得点区分ごとに基準点が設けられており、一つでも基準点に達していない場合は、総合得点が高くても不合格になります。

得点区分

N1	言語知識（文字・語彙・文法）	読解	聴解
0 〜 180 点	0 〜 60 点	0 〜 60 点	0 〜 60 点

総合得点　　　　　　　　　　　　　　　　得点の範囲

N1「語彙」の問題構成と問題形式

大問	小問数	ねらい
文脈規定	7	文脈によって意味的に規定される語が何であるかを問う
言い換え類義	6	出題される語や表現と意味的に近い語や表現を問う
用法	6	出題語が文の中でどのように使われるのかを問う

〈文脈規定〉の問題

（　　　）に入れるのに最もよいものを、1・2・3・4から一つ選びなさい。

例）　機械の（　　　）作動によるトラブルが多数発生している。

1　偽　　　　　　　2　誤　　　　　　　3　被　　　　　　　4　乱

① ● ③ ④

〈言い換え類義〉の問題

＿＿＿＿の言葉に意味が最も近いものを、1・2・3・4から一つ選びなさい。

例）　人を<u>あざむいて</u>、平気でいられるなんて信じられない。

1　くるしませて　　2　だまして　　　3　きずつけて　　4　まよわせて

① ● ③ ④

〈用法〉の問題

次の言葉の使い方として最もよいものを、1・2・3・4から一つ選びなさい。

例）　いたわる

1　病人を<u>いたわる</u>のは当たり前のことです。
2　母はこれまでの努力を<u>いたわって</u>くれました。
3　これは祖母がいつも<u>いたわって</u>いた人形です。
4　先生は生徒の生活をいつも<u>いたわって</u>います。

● ② ③ ④

この本の使い方

◆ **本書は、第１週～第８週までの８週間で勉強します。日本語能力試験で出題される語彙を、１日に 20 語～ 40 語、全部で約 1,300 語、取り上げています。**

This textbook is designed as an 8-week course. You will study 20 –40 words a day, approximately 1,300 words in total, which are found on the JLPT.

本书从第 1 周～第 8 周，分 8 周时间学习。每天涉及日语能力考试中出现的 20 个～ 40 个词汇，共收录 1,300 个词汇。

본책은 제 1 주 ~ 제 8 주까지 8 주동안 공부합니다. 일본어능력시험에 출제된 어휘를 하루에 20 단어 ~40 단어, 전부 해서 약 1,300 단어를 다루고 있습니다.

◇ **まずここに書いてある問題を解いてみましょう。**

Let's start by answering the questions here.
请先试着解答这里所写的问题。
우선 여기에 씌어 있는 문제를 풀어 봅시다.

◇ **覚えてほしい語彙がまとめてあります。**

The words you need to learn are put together.
这里归纳了需要记住的词汇。
외워야 하는 어휘가 정리되어 있습니다.

◇ **「※□に入れて読もう」では、□の中に下に並んでいる語を入れ、声に出して読みながら覚えましょう。**

In the "※□に入れて読もう"(Let's make new phrases) sections, insert each of the words below in the box and read the sentences aloud to help you to memorize them.

在 "※□に入れて読もう"(填入□后来朗读) 中，在□中填入下面排列的词语，边出声朗读边记忆。

"※□に入れて読もう"(□에 넣고 읽읍시다) 에서는 □ 속에 아래에 나와 있는 단어를 넣고, 소리 내어 읽으면서 외웁시다.

◇ **「おぼえよう」、「もっとおぼえよう」では、短い文やフレーズを何度も読んで、覚えましょう。**

Try to memorize by reading the short sentences and phrases under "おぼえよう"(Let's memorize!) and "もっとおぼえよう"(Let's memorize more) sections.

在 "おぼえよう"(来记住吧) 和 "もっとおぼえよう"(再多记些) 中，反复朗读短句或词组，来帮助记忆。

"おぼえよう"(외웁시다),"もっとおぼえよう"(좀더 외웁시다) 에서는, 짧은 문장이나 숙어를 여러 번 읽고 외웁시다.

◆ 各週の１日目から６日目までは、場面別または機能別に語彙を学習します。７日目は１日目から６日目までの復習（＋もっと）と「まとめの問題」で、その週で勉強したことを確認します。

Every week from Day 1 to Day 6, you will study the vocabulary that is organized according to both situations and functions. On day seven, you will check what you have studied during the week using a review of Days 1–6 (+more) and summary questions.
每周从第一天到第六天，分不同场景或不同功能来学习词汇。第 7 天是第 1 天到第 6 天的复习 (＋更加) 和"综合问题"。目的是确认本周所学过的内容。
각주의 첫째날부터 여섯째날까지는 장면별 혹은 기능별로 어휘를 학습합니다 . 일곱째날은 1 일째 ~6 일째의 내용을 복습하고 (＋더), 정리 문제 , 그 주에 공부한 것을 확인합니다 .

◆ 第８週が終わった後は、「模擬試験」で日本語能力試験と同じ形式の問題を解いてみましょう。

After you finished the 8th week, please try to answer the questions in practice tests which questions are designed in the same format as JLPT exam.
第 8 周结束以后，请尝试解答和日语能力考试一样出题形式的"模拟考试"吧!
8 주 차가 끝난 후에는 " 모의고사 " 에서 일본어능력시험과 같은 형식의 문제를 풀어봅시다 .

<table>
<tr><td>**１日目〜６日目**
場面別・機能別に
語彙を学習</td><td>**７日目**
復習（＋もっと）とまとめの問題で
力がついたか確認</td><td>→ 次の週へ ……→</td><td>模擬試験</td></tr>
</table>

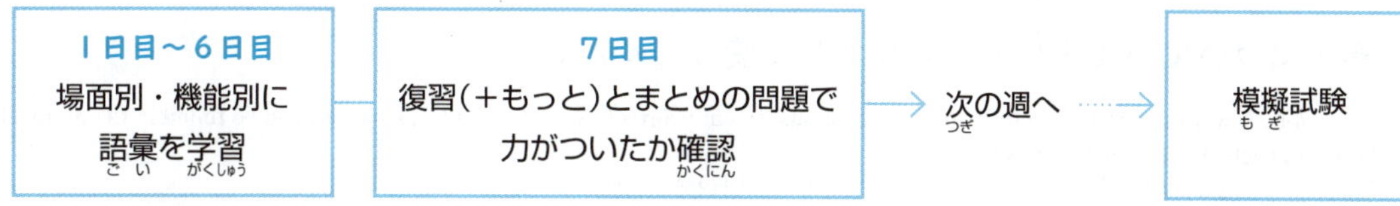

◇ 学習項目には英語・中国語・韓国語の翻訳がついています。

There are translations in English, Chinese, and Korean for each item to be learned.
学习资料附有英文、中文及韩文的翻译。
학습항목에는 영어・중국어・한국어 번역이 있습니다 .

練習 I 正しいほうに○を付けなさい。

① うちの犬は、母にいちばん (a. なついて　b. もてて) います。

② 監督と (a. もめた　b. ののしった) その選手は、結局やめさせられてしまった。

③ だれも私のことを (a. かばって　b. おごって) くれない。

④ 彼女は、ご主人によく (a. 養って　b. 尽くして) います。

⑤ このまんがの主人公は、最後にはやっと悪者を (a. とがめた　b. やっつけた)。

⑥ 彼は親に (a. ちやほやされて　b. もてなされて) 育った。

練習 II （　）にはどれが入りますか。一つ選びなさい。

⑦ 友達とけんかしたことを先生に（　）された。

　1　いやがらせ　　2　告げ口　　3　言いつけ　　4　人見知り

⑧ 風邪を（　）入院する騒ぎになってしまった。

　1　強いられて　　2　ばらされて　　3　こじらせて　　4　とがめられて

▶答えは p.21、正解文の読みは別冊 p.2

◇ 理解を確認するための練習問題です。答えは次の日の最後にあります。

These are drills to test your understanding. The answers are at the end of the following day's lesson.
练习题来检验是否已理解、掌握。答案在第二天的最后。
이해를 확인하기 위한 연습문제입니다 . 답은 다음 날 마지막에 있습니다 .

p.17 の答え：I － ①a　②a　③b　④b　⑤a　⑥b　　II－⑦3　⑧1

◇ 左ページ上の問題の答えです。

This is the answer to the question at the top of the opposite page.
这是左页上方问题的答案。
이것은 왼쪽 페이지의 위에 있는 문제의 답입니다 .

◇ 前の日の「練習」の答えです。

These are the answers to the previous day's drills.
前一天的"练习"答案。　전날의 " 연습 " 의 답입니다 .

◆１日目～６日目まではＮ１以上の漢字の下にルビがついています。ルビを隠しながら読むと漢字を読む練習になるでしょう。

　７日目の「まとめの問題」と「模擬試験」は、日本語能力試験に合わせて、Ｎ１レベルより難しい漢字の上にルビをつけてあります。

The kana reading in Day 1 to Day 6 lessons is found underneath the kanjis which are at the N1 level or above. It will be good practice for reading if you cover the kana as you study.
The practice tests on Day 7 will have kana only for words above the JLPT N1 level.
第1天到第6天部分的N1以上的汉字均附有注音假名。如果把注音假名隐藏起来读，就能练习阅读汉字。
第7天的实战问题参照日语能力考试，比N1难的汉字附有注音假名。
1 일째 ~6 일째까지는 Ｎ１ 이상의 한자의 밑에 읽기가 달려 있습니다 . 읽기를 가리고 읽으면 한자를 읽는 연습이 될것입니다 .
7 일째의 실전문제는 일본어 능력시험에 맞추어 N1 레벨보다 어려운 한자 위에 읽기를 달아 놓았습니다 .

◆問題を解いたら、必ず答え合わせをしましょう。答えや解説は別冊に書いてあります。巻末についていますので、取り外して使ってください。

After you answer the questions, check to see if your answers are correct. Answers and Explanations can be found in the removable booklet attached at the back of this book.
答题后，一定要对答案。解答・解说在附册在本书的最后，请裁剪下来使用。
문제를 풀면 반드시 답을 맞춰 봅시다 . 해답・해설은 별책에 씌여 있습니다 . 책 끝에 붙어 있으니 따로 떼어서 사용해 주세요 .

◆「まとめの問題」と「模擬試験」は、時間を計って、テストのつもりで解きましょう。制限時間内に終わらない場合も最後まで続けましょう。

The summary questions and practice tests are timed, and you should try to solve them as if they were real tests. However, answer all the questions even if you are unable to finish within the time limit.
做"综合问题"和"模拟考试"时，请计算时间，当作真正的考试来解答。即使没能在规定的时间内完成，也坚持到最后吧。
'정리 문제' 와 ' 모의고사' 는 시간을 재면서 실제 시험처럼 풀어보세요 . 제한시간 내에 끝내지 못하더라도 끝까지 풀어봅시다 .

◆答え・読み・解説の場所は下の表の通りです。

The location of the answer, reading, and commentary are as shown in the table below.
解答，读・解说的位置，如下表所示。
정답・읽기・해설 이 기재된 곳은 아래 표와 같습니다 .

	答え Answer 解答 正답	読み・解説 Reading and commentary 读・解说 읽기・해설
1～6日目　練習	２ページ先	
7日目　　復習と「まとめの問題」	問題３の下	別冊
模擬試験	別冊	

いろいろ表現しよう①

どんな人？

おぼえよう　人の性格や個性などを表す言葉

* □に入れて読もう

田中さんはどんな人ですか？ ― □人です。	※「が」→「の」でもOK

A 良い意味で使われる言葉

愛想が※いい（あいそ）	cheerful　和藹可亲　붙임성이 좋다	生真面目な（きまじめ）	earnest　非常认真　고지식한
センスが※いい	have good sense　很有感覚　센스가 좋다	几帳面な（きちょうめん）	methodical　一丝不苟的　꼼꼼한
気立てが※いい（きだ）	good-natured　性情温和　마음씨가 착하다	勤勉な（きんべん）	hardworking　勤奋　근면한
いさぎよい	frank　果断、干脆　비겁하지 않다	賢明な（けんめい）	wise　贤明的、明智的　현명한
情け深い（なさ ぶか）	sympathetic　仁慈、热心肠　정이 깊다	知的な（ちてき）	intellectual　智慧的　지적인
用心深い（ようじんぶか）	cautious　小心谨慎　신중하다	誠実な（せいじつ）	sincere, honest　诚实　성실한
りりしい	gallant　威严可敬　늠름하다	まともな	proper　正经　건실한
若々しい（わかわか）	look young　朝气蓬勃　생기 발랄하다	活発な（かっぱつ）	active　活泼　활발한
勇ましい（いさ）	brave, valiant　勇敢的　용감하다	有望な（ゆうぼう）	promising　有希望　유망한
たくましい	strong　健壮、魁梧　늠름하다	勇敢な（ゆうかん）	brave　勇敢的　용감한
愛しい（いと）	dear　可爱的、令人爱的　사랑스러운	純粋な（じゅんすい）	innocent　纯真的　순수한
義理堅い（ぎ り がた）	conscientious　有情义、讲义气的　의로운	無邪気な（むじゃき）	simpleminded, innocent　天真烂漫的　천진한
辛抱強い（しんぼうづよ）	patient　有耐心的、刻苦的　참을성이 있는	温和な（おん わ）	mild, gentle　温和　온화한
粘り強い（ねば づよ）	tenacious　顽强的、不易放弃的　끈질긴	気さくな（き）	friendly　坦率　싹싹한
思いやりが※ある（おも）	thoughtful　有同情心　배려가 있다	大柄な（おおがら）	big　骨架大、大花纹　몸집이 큰
→ 思いやる（V）（おも）	be kind to　怜恤、慰劳　친절히 대하다	↰ 小柄な（こ がら）	small-sized　身材矮小　몸집이 작은
気品が※ある（きひん）	dignified　有气派　기품이 있다	素朴な（そぼく）	simple　朴素、质朴　소박한
色気が※ある（いろけ）	sexy　有魅力　성적매력이 있다	繊細な（せんさい）	delicate　纤细的　섬세한
しとやかな	gentle, modest　安详、端庄　얌전한	デリケートな	delicate　精致、微妙　섬세한
まめな	diligent　勤恳的　꼼꼼한	チャーミングな	charming　迷人的　매력적인
裕福な（ゆうふく）	wealthy　富裕的　유복한	おおらかな	magnanimous　落落大方　느긋한

B よくない意味で使われる言葉

気難しい（きむずか）	be hard to please　难应付的　까다로운	気まぐれな（き）	fickle, capricious　心血来潮　변덕스러운
近寄りがたい（ちか よ）	hard to approach　难以靠近　다가서기 힘들다	おせっかいな	nosy　多管闲事　참견하는
なれなれしい	overly friendly　狎昵、熟不拘礼　친한 것처럼 굴다	おっちょこちょいな	careless　冒失　덜렁거리는
いやらしい	indecent, dirty　可憎、下流　불쾌감이 들다	でしゃばりな	intrusive　多事、多嘴　나서기 좋아하는
卑しい（いや）	greedy　卑贱、卑劣　저속하다	きざな	showy　装腔作势　아니꼬운
しぶとい	unyielding, tenacious　顽固、顽强　고집이 센	無礼な（ぶれい）	rude　无礼　무례한
荒っぽい（あら）	rough, coarse　粗暴　거칠다	ルーズな	sloppy　松懈、散漫　단정하지 못한
金遣いが荒い（かねづか　あら）	extravagant　挥金如土　돈의 씀씀이가 헤프다	不愛想な（ぶ あいそう）	unfriendly　不亲切的、冷漠的　무뚝뚝한
欲深い（よくぶか）	greedy　贪婪的　욕심이 많은	軽率な（けいそつ）	thoughtless　轻率的　경솔한
理屈っぽい（りくつ）	argumentative　合乎逻辑的　이론만 내세우는	神経質な（しんけいしつ）	nervous　神经质的　신경질적인
憎たらしい（にく）	hateful　恶心的、憎恶的　얄미운	無知な（む ち）	ignorant　无知的　무지한

練習 I 正しいほうに○を付けなさい。

① 私の夫は、大変金づかいが （a. 悪い　b. 荒い）。
　　　　　　　　　　　　　　　　　　　　あら

② 彼は、ちょっと時間に （a. まめな　b. ルーズな） ところがある。

③ 彼女は大スターなのに、とても （a. 近寄りがたい　b. 気さくな） 人です。
　　　　　　　　　　　　　　　　　　ちか よ

④ 豪華で輝きに （a. 気品のある　b. 色気がある） 宝石。
　ごう か　かがや

⑤ お金に （a. いやしい　b. でしゃばりな） 人は嫌われる。
　　　　　　　　　　　　　　　　　　　　　きら

⑥ あの店員は、だれにでも （a. 愛想がいい　b. センスがいい）。
　　　　　　　　　　　　　　　あい そ

練習 II （　　）にはどれが入りますか。一つ選びなさい。

⑦ 彼女は将来 （　　） 若手議員です。

　　1　チャーミングな　　　2　しとやかな　　　3　活発な　　　4　有望な

⑧ 彼は （　　） 肉体をしている。

　　1　りりしい　　　2　たくましい　　　3　いさぎよい　　　4　おおらかな

▶答えは p.15、正解文の読みは別冊 p.2

どんな気持ち？

おぼえよう　人の気持ちを表す言葉

※「が」→「の」でも OK。

情けない	また負けてしまって情けない。	I am ashamed of losing again. 又输了，真是难堪。　또 져 버려서 한심하다.
望ましい	運動は毎日続けることが望ましい。	It is desirable that you continue to exercise everyday. 最好每天坚持运动。　운동은 매일 계속하는 것이 바람직하다.
好ましい	好ましい服装	appropriate dress 喜欢的服装　바람직한 복장
申し分（が）※ない	申し分（が）ない作品	a perfect piece of work 无可挑剔的作品　이루 말할 데가 없는 작품
快い	申し出を快く承諾する	willingly accept an offer 爽快地答应了申请　자청을 기분좋게 승낙하다
すがすがしい	すがすがしい朝	a refreshing morning 清爽的早晨　상쾌한 아침
爽快（な）	気分爽快	invigorating　心情爽快　기분상쾌
待ち遠しい	春の訪れが待ち遠しい。	I can hardly wait for the spring to come. 盼望着春天的到来。　봄이 오는 것이 몹시 기다려지다.
心強い	あなたと一緒だと心強い。	I feel secure being with you. 如果和你在一起，心里特踏实。　당신과 함께라면 마음 든든하다.
⤵心細い	一人では心細い。	I feel lonely being on my own. 一个人的话心里没底。　혼자서는 불안하다.
空しい	喜びが何もない空しい生活	an empty life with no joy 没有任何喜悦的空虚生活　기쁨이 아무것도 없는 공허한 생활
切ない	彼と離れるのはとても切ない。	I am very sad to part with him. 和他分离，特别难过。　그와 헤어지는 것은 무척 애달프다.
物足りない	食事の量が物足りない。	I do not feel satisfied (with the volume of the meal). 饭菜的量不足。　식사의 양이 미흡하다.
わずらわしい	隣人との付き合いがわずらわしい。	Getting involved with the neighbors is troublesome. 和邻居的交往真麻烦。　이웃과의 사귐이 귀찮다.
うっとうしい	うっとうしい天気	gloomy weather 阴郁的天气　잔뜩 찌푸린 날씨
うざい〈俗語〉	＝うっとうしい、わずらわしい	※俗語　　slang　俗语　속어
ばかばかしい	ばかばかしい話	a ridiculous story　无聊的事情　어리석은 이야기
痛ましい	痛ましい事故現場	the scene of a horrible accident 凄惨的事故现场　참혹한 사고현장
きまり（が）悪い	会議に遅れてきまり（が）悪かった。	I felt awkward showing up late for the meeting. 开会迟到，很不好意思。　회의에 늦어 부끄럽다.
あさましい	彼は根性があさましい。	He is ill-natured. 他秉性下流。　그는 근성이 치사스럽다.
おっかない〈俗語〉	この辺りは夜になるとおっかない。	It gets dangerous around here at night. 这附近一到晚上就令人恐怖。　이 부근은 밤이 되면 무섭다.
ふさわしい	彼はリーダーとしてふさわしい。	He has the potential to be a good leader. 他适合做领导。　그는 리더로서 어울린다.
見苦しい	見苦しい態度	disgraceful behavior　不体面的态度　보기 흉한 태도

<table>
<tr><td>心苦しい
（こころぐる）</td><td>こんなことを頼むのは心苦しい。</td><td>I feel badly asking you to do this for me.
拜托你这种事情我于心不安。　이런 것을 부탁하는 것은 미안하다.</td></tr>
<tr><td>焦る
（あせ）</td><td>試験で時間がなくて焦った。</td><td>I got in a panic because I did not have enough time in the exam.
考试时没时间了，很着急。　시험에서 시간이 없어 초조했다.</td></tr>
<tr><td>あきれる</td><td>あまりの高い値段にあきれた。</td><td>I was shocked to see the ridiculous price.
价格太高了，简直愕然。　너무나 비싼 값에 기가 막히다.</td></tr>
<tr><td>気に障る
（き　さわ）</td><td>人の気に障るようなことを言ってはいけない。</td><td>You should not say anything that might offend someone.
不能说让别人心里不痛快的话。
타인이 불쾌하게 생각하는 것을 말해서는 안된다.</td></tr>
<tr><td>しゃくに障る
（さわ）
かんに障る
（さわ）</td><td>彼の態度が〔しゃくに障った。／かんに障った。</td><td>I was annoyed by his behavior.
他的态度让人生气。
그의 태도가 비위에 거슬렸다.</td></tr>
<tr><td>気兼ねする
（き　が）</td><td>ホームステイの家族に気兼ねする</td><td>feel constrained living with one's host family
在寄宿的那家人面前拘谨　홈스테이 가족에게 마음을 쓰다</td></tr>
<tr><td>すねる</td><td>子どもがすねている。</td><td>There is a child sulking.
小孩在闹别扭。　아이가 토라져 있다.</td></tr>
<tr><td rowspan="2">むかつく</td><td>船に酔って、胸がむかつく。
（よ）　（むね）</td><td>I am seasick.
晕船了，感觉恶心。　뱃멀미를 하여 가슴이 울렁거리다.</td></tr>
<tr><td>彼の顔を見るだけでむかつく。</td><td>I feel angry just seeing his face.
光看到他的脸就来气。　그의 얼굴은 보기만 해도 화가 치민다.</td></tr>
<tr><td>恥をかく
（はじ）</td><td>みんなの前で恥をかいた。</td><td>I made a fool of my self in front of everyone.
在大家面前丢脸了。　모두의 앞에서 창피를 당했다.</td></tr>
</table>

練習 I 正しいほうに○を付けなさい。

① 電車に乗り遅れそうになり、（a. あせった　b. 気に障った）。
（さわ）

② 山田先生は、怒ると（a. しゃくに障る　b. おっかない）よ。
（さわ）

③ 旅行に行く日が（a. 快い　b. 待ち遠しい）。

④ 近所に（a. むかついて　b. 気兼ねして）楽器の練習が十分にできない。
（き　が）　（がっき）

⑤ 梅雨時は、雨ばかりで（a. うっとうしい　b. 空しい）。
（つ ゆ どき）　（むな）

⑥ こんな簡単な問題を間違えてしまい、（a. 情けない　b. 心細い）。
（なさ）

練習 II （　）にはどれが入りますか。一つ選びなさい。

⑦ このスピーカーは、（　　）配線の必要がありません。

　　1　わずらわしい　　　2　あさましい　　　3　物足りない　　　4　心苦しい

⑧ 彼こそ、大統領に（　　）人物です。
　（だいとうりょう）

　　1　好ましい　　　2　心強い　　　3　ふさわしい　　　4　うっとうしい
　（この）

▶答えは p.17、正解文の読みは別冊 p.2

p.13の答え：I－①b　②b　③b　④a　⑤a　⑥a　　II－⑦4　⑧2

どんな動作？

おぼえよう　人の動作を表す言葉
どうさ　あらわ　ことば

頭	うつむく	cast one's eyes down 低头 고개를 떨구다	➡うなずく	nod 点头 고개를 끄덕이다
	かしげる	put one's head to one side 倾斜、侧 갸웃하다	＊不思議に思ってちょっと考えるときの動作	
目	まばたき（を）する	blink one's eyes 眨眼 눈을 깜박이다		
	目をつぶる	close one's eyes 闭眼睛 눈을 감다		
口	一言つぶやく	mutter a little 嘟囔一两句 한마디 중얼거리다	➡ささやく	whisper 低声私语 속삭이다
	歌を口ずさむ くち	croon a song 哼歌 노래를 흥얼거리다		
	煙にむせる	choke on the smoke 被烟呛着了 연기로 기침이 나오다	食べ物でむせる	swallow food the wrong way 吃东西噎着了 음식이 기도에 들어가 기침이 나다
手	ほっぺたをつねる	pinch one's cheek 拧脸蛋儿 뺨을 꼬집다		
	草をむしる	pull weeds 拔草 풀을 뽑다		
	カレンダーをめくる	turn over a page of the calendar 翻日历 달력을 넘기다		
	塩をつまむ	take a pinch of salt　抓把盐 소금을 손가락으로 집어 올리다	鼻をつまむ	pinch one's nose 捏鼻子 코를 손가락으로 집다
	花を摘む つ	pick flowers 摘花 꽃을 꺾다	才能の芽を摘む め　つ	ruin a person's talent 将才能扼杀在萌芽期 재능의 싹을 꺾다
	足をさする	rub one's legs 搓脚 발을 문지르다		
	髪の毛をいじる	play with one's hair　摆弄头发 머리카락을 만지작거리다	庭をいじる	tend the garden 摆弄庭院 마당을 손질하다
	家具のほこりをはたく	dust the furniture 掸家具上的灰尘　가구의 먼지를 털다		
	水をすくう	scoop up water 舀水 물을 뜨다		
	杖を突く つえ　つ	use a cane 拄拐杖 지팡이를 짚다		
	赤ちゃんをバスタオルでくるむ	wrap a baby in a bath towel 用浴巾把孩子包起来 아기를 목욕타올로 감싸다		
	紙を丸める まる	crumple a piece of paper into a ball 把纸团起来 종이를 둥글게 말다	体を丸める まる	curl up 弯曲身体 몸을 둥글게 구부리다
	マッチを擦る す	strike a match 划火柴 성냥을 켜다		
	指をさす	point a finger 用手指 손가락을 가리키다		

体			
横になる _{よこ}		lie down 躺下　눕다	
うつ伏せになる _ぶ		lie on one's stomach 俯卧　엎드리다	
仰向けになる _{あお む}		lie on one's back 仰面躺着　천정을 보고 눕다	
体を**反らす**(↔**曲げる**) _{そ　　　　　ま}		bend backward 身体后转　몸을 뒤로 젖히다	
馬に**またがる**	sit astride a horse 骑马　말에 올라타다	**3年にまたがる**(=**わたる**)計画	a three-year-long project 为期3年的计划 3년에 걸친 계획
湯に**つかる**		soak in hot water 泡在洗澡水里　뜨거운 물에 잠기다	
門を**くぐる**		go through the gate 钻过门　문을 빠져 나가다	
水たまりを**よける**		avoid a puddle of water 避开水洼　물웅덩이를 피하다	
水中で**もがく／あがく**		struggle in the water 在水里挣扎　수중에서 허우적거리다	
山中を**さまよう** _{さんちゅう}		get lost and wander about in the mountains 在山里彷徨　산중을 헤매다	

練習 I 正しいほうに○を付けなさい。

① 肩までお湯によく（a. つかりましょう　b. すくいましょう）。

② 車の前に飛び出してきた猫を（a. よけたら　b. そらしたら）、電柱にぶつかってしまった。
_{ねこ}

③ 踏切の遮断機※を（a. さまよっては　b. くぐっては）いけません。　※ 遮断機
_{ふみきり　しゃだん き}
　　_{しゃだん き}
　　　　　　　　　　　　　　　　　　　　　　　　　　　　　　　　　　　　　a crossing gate　道闸　차단기

④ それは、私が子どものころ、よく（a. つぶやいた　b. □ずさんだ）歌です。

⑤ ごはんをのりで（a. くるんで　b. めくって）食べます。

⑥ しかられた生徒は、（a. うなずいて　b. うつむいて）泣いていた。

練習 II （　　）にはどれが入りますか。一つ選びなさい。

⑦ 疲れたので、ちょっとソファーで（　　）いいでしょうか。

　1　うつ伏せになっても
　　　_ぶ　　　　　　　　　　　　　　　　2　仰向けになっても
　　　　　　　　　　　　　　　　　　　　　　　　　　_{あお む}

　3　横になっても　　　　　　　　　　　　　4　もがいても

⑧ 休日に庭を（　　）のが、私の趣味です。
_{しゅ み}

　1　いじる　　　　　　2　さする　　　　　　3　むしる　　　　　　4　つまむ

▶答えは p.19、正解文の読みは別冊 p.2

p.15の答え：I－①a　②b　③b　④b　⑤a　⑥a　　II－⑦1　⑧3

17

いろいろ表現しよう①

どんな行動・態度？①
（こうどう・たいど）

おぼえよう　人と関わるとき使う動詞
（かか）（どうし）

* □ に入れて読もう

〈人〉を □

なだめる	calm down 劝解、平息　달래다		裁く（さば）	judge, pass judgment (on) 审判　재판하다
いたわる	be kind to 怜恤、慰劳　친절히 대하다		かばう	protect 庇护、袒护　감싸다
しつける	train, discipline 培养、教育　예의범절을 가르치다		励ます（はげ）	encourage 鼓励、激励　격려하다
ちやほやする	dote on 溺爱、奉承　애지중지하다		もてなす	entertain 接待、招待　대접하다
おだてる	flatter　给戴高帽、挑唆　치켜세우다		冷やかす（ひ）	tease 冷却、嘲笑　놀리다
あざ笑う（わら）	make fun of someone 嘲笑　비웃다		おどす	threaten 威胁　위협하다
あざむく	cheat, deceive 欺骗　속이다		けなす	disparage 贬低　비방하다
ねたむ	be jealous 嫉妒　시기하다		ののしる	scold, curse 骂　비난하다
さらう / 誘拐する（ゆうかい）	kidnap 抢夺, 诱拐 긁어 내다, 유괴하다		なじる	take someone to task 责问　힐책하여 따지다
			とがめる	reproach 责难　비난하다
殴る（なぐ）	punch 打　때리다		やっつける	vanquish 收拾, 打倒　혼내주다

〈人〉に □

恋（を）する（こい）	fall in love 恋爱　사랑하다		なつく	become attached 亲近　따르다
片思い（を）する（かたおも）	love unreciprocatedly 单相思　짝사랑을 하다		親しまれる（した）	be liked 被喜欢 (사람들이 자기를) 좋아하다
尽くす（つ）	be devoted to 奉献　다하다		もてる	be popular among the opposite sex 受欢迎　인기가 있다
食事をおごる	treat a person to a meal 请吃饭　식사를 대접하다		出くわす（て）（＝たまたま出会う）	run into 偶然遇见　딱 마주치다
お小遣いをねだる（こづか）	plead for some pocket money 缠着要零花钱　용돈을 조르다		言いつける（い）	tell on, order (someone to do) 吩咐　고자질하다
寄付を強いる（し）	press to contribute 强迫捐款　기부를 강요하다		告げ口（を）する（つ・ぐち）	tell on 传舌　밀고하다
新しいバッグを見せびらかす（み）	show off one's new bag 炫耀新包 새로운 가방을 보여주며 자랑하다		嫌がらせ（を）する（いや）	harass, be nasty　故意使人不痛快 남이 싫어하는 언행을 하다
			秘密をばらす（ひみつ）	expose a secret 揭露秘密　비밀을 폭로하다

おぼえよう

近所の人と**もめる**	bicker with the neighbors 和邻居发生纠纷 이웃과 트러블을 일으키다		
家族を**養う** やしな	support one's family 赡养家人 가족을 부양하다		
名付ける なづ	name 命名 이름을 짓다	➔ **名付け親** なづ おや	a godparent 给起名的人 이름을 지어준 부모
人見知りする ひとみ し	be shy in front of strangers 怕生 낯가림을 하다		
へりくだった態度で**接する** たいど せっ	attend humbly, be humble 以谦逊的态度接触 낮은 태도로 접하다		
関係が**こじれる**	a relationship gets complicated 关系恶化 관계가 꼬이다	➔ **風邪**を**こじらせる** かぜ	aggravate a cold 感冒加重 감기를 악화시키다
話が**こじれる**	a matter gets complicated 话没谈拢 이야기가 얽히다		

練習 I 正しいほうに○を付けなさい。

① うちの犬は、母にいちばん（a. なついて　b. もてて）います。

② 監督と（a. もめた　b. ののしった）その選手は、結局やめさせられてしまった。
　かんとく

③ だれも私のことを（a. かばって　b. おごって）くれない。

④ 彼女は、ご主人によく（a. 養って　b. 尽くして）います。
　　　　　　　　　　　やしな　　　　つ

⑤ このまんがの主人公は、最後にはやっと悪者を（a. とがめた　b. やっつけた）。
　　　　　　しゅじんこう

⑥ 彼は親に（a. ちやほやされて　b. もてなされて）育った。

練習 II （　　）にはどれが入りますか。一つ選びなさい。

⑦ 友達とけんかしたことを先生に（　　　）された。

　　1　いやがらせ　　　　2　告げ口　　　　3　言いつけ　　　4　人見知り
　　　　　　　　　　　　　　　　つ　ぐち

⑧ 風邪を（　　　）入院する騒ぎになってしまった。
　かぜ　　　　　　　　　　さわ

　　1　強いられて　　　　2　ばらされて　　　3　こじらせて　　　4　とがめられて
　　　し

▶答えは p.21、正解文の読みは別冊 p.2

p.17 の答え：I－①**a**　②**a**　③**b**　④**b**　⑤**a**　⑥**b**　　II－⑦**3**　⑧**1**

どんな行動・態度？②
こうどう　たいど

おぼえよう　人の行動・態度を表す動詞
こうどう　たいど　あらわ　どうし

見出し	例文	意味（英・中・韓）	関連	意味
すすぐ	ふきんをすすぐ	rinse the dishcloth 洗抹布　행주를 헹구다		
ゆすぐ	口をゆすぐ	rinse one's mouth 漱口　입을 헹구어 내다	コップをゆすぐ	rinse a glass 刷杯子　컵을 헹구다
こす	水をこす	filter water 过滤水　물을 걸르다		
ばらまく	豆をばらまく	scatter beans 撒豆子　콩을 뿌리다		
緩める	ベルトを緩める	loosen one's belt 放松腰带　벨트를 느슨하게 하다	（〜が）緩む	loosen 松弛　느슨해지다
揺する	木を揺する	shake a tree 摇晃树　나무를 흔든다		
生やす	ひげを生やす	grow a beard 留胡子　수염을 기르다	（〜が）生える	
生ける	花を生ける	arrange flowers 插花　꽃을 꽂다		
よこす	手紙をよこす	send a letter to me/us 寄信　편지를 건네다	「金をよこせ！」	Hand over the money! 把钱给我！　돈을 건네라
そらす	目をそらす	turn one's eyes away 把视线移开　눈을 돌리다	話をそらす	change the subject 岔开话题　이야기를 돌리다
さらす	日光にさらす	expose to the sun 晒太阳　햇볕을 쪼이다	水にさらす	soak in water 用凉水冲　물을 맞게 두다
凝らす	工夫を凝らす	come up with ideas 花费心思，设法　궁리를 하다		
たどる	足跡をたどる	track footprints 追寻足迹　발자국을 더듬어 가다		
据える	防犯カメラを据える	install a security camera 安装防盗摄像　방범카메라를 설치하다	据え付ける	install 安装　설치하다
添える	写真を添える	include a picture (with) 附加照片　사진을 첨부하다		
控える	隣室に控える	wait in the room next door 在旁边房间等候　옆방에서 기다리다	控え室	a waiting room 等候室　대기실
控える	塩分を控える	reduce one's salt intake 控制盐分　염분을 삼가하다		
歩む	彼と別の人生を歩む	lead a different life from him 和他走的是不同的人生道路　그와 다른 인생을 걷다	歩み (N)	history, course 脚步　걸음
もくろむ	世界進出をもくろむ	plan to expand worldwide 计划向世界发展　세계진출을 계획하다		
阻む	彼らの侵入を阻む	prevent their invasion 阻止他们的侵入　그들의 침입을 저해하다		
遮る	人の話を遮る	cut someone off 打断别人的话　타인의 말을 끊다		
つづる	英文でつづる	write in English 用英文写　영문으로 쓰다	つづり (N)	spelling, a file of papers 册、拼字　철자

仕掛ける（しか）	わなを仕掛ける	set up a trap 设置圈套 함정을 설치하다		
手掛ける（てが）	新しい仕事を手掛ける	start a new project 着手新的工作 새로운 일을 직접하다		
合わす（あ）	声を合わして（＝合わせて）歌う	sing together 合声唱 목소리를 맞춰서 노래하다	力を合わす	work together 合力 힘을 합치다
与える（あた）	子どもに小遣い（こづか）を与える	give children some pocket money 给小孩零花钱 아이에게 용돈을 주다		
交える（まじ）	先生を交えて話し合う	have a discussion with the teachers 老师也参加在内讨论 선생님을 섞어 이야기하다	➡交わる（まじ）	cross, intersect 交换 섞이다
交わす（か）	あいさつを交わす	greet one another 互相寒暄 인사를 교환하다		
束ねる（たば）	髪を束ねる	tie up one's hair 束发 머리를 묶다		
背く（そむ）	命令に背く	disobey an order 违背命令 명령을 어기다		
逃す（のが）	チャンスを逃す	miss an opportunity 放掉机会 찬스를 놓치다	➡逃れる（のが）	escape 逃跑 놓치다
促す（うなが）	この液体は植物の成長を促す。	This liquid stimulates plant growth. 这种液体能促进植物生长。 이 액체는 식물의 성장을 촉진한다.		

練習 I 正しいほうに○を付けなさい。

① 風呂場（ふろば）に、かびが（a. 生（い）けた　b. 生（は）えた）。

② サルにえさを（a. あたえないで　b. しかけないで）ください。

③ カーテンで光を（a. こらした　b. さえぎった）。

④ 切った玉ネギを水に（a. さらして　b. 与えて）ください。

⑤ 暑いので、つけていたネクタイを（a. ゆるめた　b. ひかえた）。

⑥ 手が滑（すべ）り、ポップコーンを床に（a. のがして　b. ばらまいて）しまった。

練習 II （　）にはどれが入りますか。一つ選びなさい。

⑦ けんかになりそうになったので、あわてて話を（　　）。

　　1　しかけた　　　　2　交えた　　　　3　つづった　　　　4　そらした

⑧ 彼と（　　）約束を破ってしまった。

　　1　かわした　　　　2　こらした　　　　3　あわした　　　　4　手がけた

▶答えは p.23、正解文の読みは別冊 p.2

p.19の答え：I － ①a　②a　③a　④b　⑤b　⑥a　　　II －⑦2　⑧3

どんな調子？
ちょうし

自動詞・他動詞は
特に苦手なんだ。あー、
めまいがしてきた…

おぼえよう　体の調子や病院などに関係する言葉
ちょうし　　　　　　　かんけい　　　ことば

体がだるい	feel sluggish 身体无力　몸이 나른하다	めまいがする	feel faint 头晕　현기증이 나다
寒気がする さむけ	have a chill 恶寒　한기가 들다	意識がもうろうとする いしき	be only half conscious 神智不清　의식이 몽롱하다
疲労で目がかすむ ひろう	I am so tired my vision is blurry 因疲劳眼睛睛模糊不清 피로로 눈이 흐릿해지다	意識が遠ざかる いしき　とお （〜を）遠ざける とお	slowly lose consciousness 意识模糊　의식이 멀어지다
貧血になる ひんけつ	have anemia　贫血 빈혈이 되다	意識不明になる いしきふめい	become unconscious 昏迷不醒　의식불명이 되다
安静にする あんせい	rest　静养　안정하다	足首をねんざする あしくび	twist one's ankle 脚脖子扭伤　발목을 삐다
虫に刺される さ	get a bite 被虫子叮　벌레에게 물리다	打ったところがはれる	a bruise swells 撞到的地方肿了　부딪힌 곳이 붓다
とげが刺さる さ	get a sliver 扎上刺了　가시가 박히다	歯を矯正する きょうせい	have braces 矫正牙齿　이를 교정하다
足がむくむ	legs bloat 脚浮肿　발이 붓다	むくみ (N)	(dropsical) swelling　浮肿　부종
下痢をする げり	have diarrhea 腹泻　설사를 하다	便秘になる べんぴ	get constipated 便秘　변비가 되다
妊娠する にんしん	get pregnant 妊娠　임신하다	出産（＝お産） しゅっさん　　さん	giving birth 分娩　출산
湿疹ができる しっしん	have eczema 出湿疹　습진이 생기다	じんましん	hives 荨麻疹　두드러기
皮膚をかく ひふ	scratch one's skin 挠皮肤　피부를 긁다	猫に引っかかれる ねこ　ひ	get scratched by a cat 被猫挠　고양이에게 할퀴다
病気の進行が早まる しんこう　はや	a disease progressing quickly 病情恶化速度加快 병의 진행이 빨라지다	（〜を）早める はや	advance　加快　앞당기다
体が弱る よわ	become weak 身体衰弱　몸이 약해지다		
痛みが強まる⇔弱まる いた　つよ　よわ	pain increases ⇔ eases 疼痛加剧⇔减弱 아픔이 강해지다⇔약해지다	（〜を）強める⇔弱める つよ　よわ	turn up ⇔ turn down 加强⇔减弱 강하게 하다⇔약하게 하다
痛みを和らげる いた　やわ	eases the pain 缓解疼痛　아픔이 누구러지다	（〜が）和らぐ やわ	soften, ease　变缓和　누그러지다
リハビリする	undergo rehabilitation 康复训练　재활운동을 하다	リハビリを受ける う	
入院する にゅういん	be hospitalized 住院　입원하다	退院する たいいん	be released from the hospital 出院　퇴원하다
患者に付き添う つ　そ	stay with a sick person 陪伴患者　환자곁에서 시중들다		
面会に行く めんかい	visit someone 去会面　면회를 가다	（お）見舞いに行く みま	visit someone who is sick 去看望病人　문병을 가다

おぼえよう　病名（びょうめい）

癌（がん）	cancer　癌　암		＊「ガン」とカタカナで書くことが多い。
ぜんそく	asthma　哮喘　천식	➡ **ぜんそくの発作**（ほっさ）	an asthma attack　哮喘发作　천식의 발작
気管支炎（き かん し えん）	bronchitis　支气管炎　기관지염		
肺炎（はいえん）	pneumonia　肺炎　폐렴		
皮膚炎（ひ ふ えん）	dermatitis　皮炎　피부염	➡ **アトピー性皮膚炎**（せい ひ ふ えん）	atopic dermatitis　过敏性皮炎　아토피성 피부염
うつ病（びょう）	depression　抑郁症　우울증		
認知症（にん ち しょう）	dementia　痴呆　인지증 (노망)	➡ **アルツハイマー病**（びょう）	Alzheimer's disease　老年痴呆　치매
熱中症（ねっちゅうしょう）	heatstroke　中暑　열사병		
花粉症（か ふんしょう）	hay fever　花粉症　꽃가루 알레르기		

練習 I 正しいほうに○を付けなさい。

① 母が病院に通うのに （a. 面会しなければ　b. 付き添わなければ） いけない。

② 魚の骨がのどに （a. 刺された　b. 刺さった）。

③ 重い熱中症（ねっちゅうしょう）は、意識が （a. もうろうとしてくる　b. だるくなるらしい）。

④ 虫に刺された指がこんなに （a. かいて　b. はれて） しまった。

⑤ 疲れたせいか、目が （a. かすんで　b. 遠ざかって） よく見えない。

⑥ 薬を飲んだら、だいぶ痛みが （a. 弱った　b. 和らいだ（やわ））。

練習 II （　　） にはどれが入りますか。一つ選びなさい。

⑦ （　　　） がするほど、腹が減っている。

　　1　めまい　　　　2　ねんざ　　　　3　むくみ　　　　4　さむけ

⑧ 病気の進行が （　　　）、彼はついに意識不明になってしまった。

　　1　早めり　　　　2　早まり　　　　3　弱り　　　　4　弱まり

▶答えは p.25、正解文の読みは別冊 p.2 ～ 3

p.21 の答え：I － ①**b**　②**a**　③**b**　④**a**　⑤**a**　⑥**b**　　II －⑦**4**　⑧**1**

復習＋もっと

Q. 説明に最も合う言葉を、a・b・c から一つ選びなさい。（答えは p.28）

1日目　▶p.12,13

1. 人に接する態度がやさしくて性格がいい人
   a　気品がある人　　　b　気まぐれな人　　　c　気立てがいい人

2. 余計な世話で、かえってじゃまや迷惑になるような様子を表す
   a　おせっかい　　　b　きざ　　　　　c　おっちょこちょい

2日目　▶p.14,15

1. 自分の気持ちがわかってもらえなくて、不満のある態度をとる
   a　むかつく　　　b　すねる　　　c　しゃくにさわる

2. 悲しさや恋しさで、心が苦しい様子を表す
   a　痛ましい　　　b　切ない　　　c　わずらわしい

3日目　▶p.16,17

1. 気管に煙や食物などが入って、息がつまりそうになる
   a　つまむ　　　b　もがく　　　c　むせる

2. 物の下や狭い間や中を、姿勢を低くして通り抜ける
   a　くぐる　　　b　はたく　　　c　そらす

4日目 ▶p.18,19

1. 相手の気に入るようなことを言って、得意にさせる
   a　おだてる　　　b　あざむく　　　c　さばく

2. 複雑な事情がからんで、物事がすんなりいかなくなる
   a　てがける　　　b　こじれる　　　c　ひやかす

5日目 ▶p.20,21

1. 物事を行う方法についてひそかに計画する。あまりよいことについては使わない
   a　はばむ　　　b　うながす　　　c　もくろむ

2. 発言や行動などの邪魔をして妨げる
   a　さえぎる　　　b　そえる　　　c　すえる

6日目 ▶p.22,23

1. 高温のために、体温の調節機能が働かなくなって、頭痛やめまいなどが起こる症状のこと
   a　熱帯症　　　b　温熱症　　　c　熱中症　　　〈注〉正解以外の言葉は存在しません。

2. 爪やとがったものなどで強くかいて皮膚やものに傷をつける
   a　ひっかく　　　b　ささる　　　c　つきそう

もっと覚えよう　＊よくある病気・症状など＊

はしか	measles 麻疹 홍역	水ぼうそう	chickenpox 水痘 수두
風疹 ふうしん	rubella 风疹 풍진	結核 けっかく	tuberculosis 结核 결핵
骨折 こっせつ	bone fracture 骨折 골절	ねんざ	sprain 扭伤 염좌
肩こり かた	stiff shoulder 肩酸 어깨 결림	腰痛 ようつう	backache 腰痛 요통
食物アレルギー しょくもつ	food allergy 食物过敏 음식 알레르기	食中毒 しょくちゅうどく	food poisoning 食物中毒 식중독
発達障害 はったつしょうがい	developmental disorder 发展障碍 발달장애	自閉症 じへいしょう	autism 自闭症 자폐증

---

p.23の答え：Ⅰ－①b　②b　③a　④b　⑤a　⑥b　　Ⅱ－⑦1　⑧2

いろいろ表現しよう①

月　日（　）

まとめの問題

制限時間：20分
1問5点×20問
答えは p.28
正解文の読みと解説は別冊 p.3

点数
／100

問題1　（　　）に入れるのに最もよいものを、1・2・3・4から一つ選びなさい。

1　（　　　）の発作が起きるとせきが止まらなくなる。

　　1　うつ病　　　　　2　ぜんそく　　　　3　花粉症　　　　4　ガン

2　彼女と手をつないで歩いていたら、友達に（　　　）。

　　1　もてなされた　　2　冷やかされた　　3　見せびらかした　　4　しいられた

3　気に入って買ったバッグを友達に（　　　）、気分が悪かった。

　　1　けなされて　　　2　さらわれて　　　3　むかつかれて　　4　あざ笑われて

4　3歳ぐらいの女の子が、（　　　）公園で遊んでいた。

　　1　温和に　　　　　2　気さくに　　　　3　無邪気に　　　　4　陰気に

5　彼はだれにでも優しい（　　　）人で、みんなに好かれている。

　　1　でしゃばりな　　2　思いやりがある　3　しぶとい　　　　4　きざな

6　バスタオルを（　　　）枕の代わりにした。

　　1　つぶって　　　　2　めくって　　　　3　まるめて　　　　4　そらして

7　母に（　　　）早く家を出た。

　　1　うながされて　　2　かばわれて　　　3　しかけられて　　4　たどられて

8　長い間立ちっぱなしだったので、足が（　　　）しまった。

　　1　もうろうとして　2　むくんで　　　　3　伸びて　　　　　4　こじれて

9　これは、みそを（　　　）調理器具です。

　　1　さらす　　　　　2　すすぐ　　　　　3　こす　　　　　　4　ゆする

10　細いひもを何本も（　　　）、太いロープを作った。

　　1　つづって　　　　2　すえて　　　　　3　交えて　　　　　4　たばねて

11　しぶとい

1　敵も<u>しぶとく</u>、なかなか負けを認めない。

2　この柿（かき）はちょっと<u>しぶとい</u>。

3　<u>しぶとい</u>お茶はとてもおいしい。

4　庭の木がとても<u>しぶとく</u>なってきた。

12　近寄りがたい

1　私の上司は気さくで<u>近寄りがたい</u>。

2　彼女は<u>近寄りがたい</u>ほど美しい。

3　泥棒（どろぼう）が<u>近寄りがたい</u>柵を作った。

4　古本屋で<u>近寄りがたい</u>本を手に入れた。

13　見せびらかす

1　おばあちゃんは、孫にお年玉を<u>見せびらかした</u>。

2　美容院で髪を<u>見せびらかして</u>もらった。

3　今日は、私が食事を<u>見せびらかします</u>。

4　彼は、新しい腕時計をみんなに<u>見せびらかして</u>いた。

14　むせる

1　そのパーティー会場には、<u>むせる</u>ほど人が来ていた。

2　タバコの煙が目に<u>むせた</u>。

3　今日はよく晴れた<u>むせる</u>天気だ。

4　捻挫（ねんざ）した足がだんだん<u>むせて</u>きた。

15　片思い

1　上司の不正を<u>片思い</u>して警察に通報した。

2　彼女の帰りを<u>片思い</u>して待っていた。

3　私の初恋は<u>片思い</u>で終わってしまった。

4　親は、かわいいわが子に<u>片思い</u>するものです。

16 あの若者は、りりしくて立派だ。

   1　情け深くて　　　　2　誠実で　　　　　3　大柄で　　　　4　勇ましくて

17 一人で行くのはいやだ。だれか一緒に行ってほしい。

   1　付きそって　　　　2　手がけて　　　　3　出くわして　　　4　気がねして

18 だめだとわかったら、きっぱりあきらめよう。

   1　むなしく　　　　　2　心苦しく　　　　3　申し分なく　　　4　いさぎよく

19 彼は上司の命令に反して行動したため、首になった。

   1　さらして　　　　　2　なじって　　　　3　そむいて　　　　4　ひかえて

20 寄付は強制されるとしたくなくなるものだ。

   1　しいられる　　　　2　ねたまれる　　　3　つくされる　　　4　ゆすられる

復習（p.24〜25）の答え：
1日目 1. c　2. a　2日目 1. b　2. b　3日目 1. c　2. a
4日目 1. a　2. b　5日目 1. c　2. a　6日目 1. c　2. a

まとめの問題（p.26〜28）の答え：
問題1　1 2　2 2　3 1　4 3　5 2　6 3　7 1　8 2　9 3　10 4
問題2　11 1　12 2　13 4　14 1　15 3
問題3　16 4　17 1　18 4　19 3　20 1

いろいろ表現しよう②

どんな様子？①
ようす

おぼえよう　人の様子・行動を表す動詞
ようす　こうどう　あらわ　どうし

強がる（つよ）	「大丈夫」と強がる（だいじょうぶ）	pretend to be fine 逞强说“没关系”「괜찮다」고 강한 체 하다
くたびれる	歩き回ってくたびれた。	I got tired from walking around. 四处奔走，真累坏了。 걸어 돌아 다녀서 피곤하다 .
ばてる	残業続きでばてている。	Everyone is exhausted from working overtime lately. 一直在加班，筋疲力尽。 잔업이 이어져서 지치다 .
とぼける	「知らない」ととぼける	play dumb 假装不知道「모른다」고 시치미를 떼다
ぼける	年とともにぼけてくる	become forgetful as one get older 上了年纪，糊涂了 나이와 함께 건망증이 온다
	➡ピントがぼけた写真	a blurry photo 焦点模糊的照片　초점이 흐려진 사진
どもる	スピーチでどもる	stammer in a speech 在讲演中结巴　스피치에서 말을 더듬다
しくじる	入試でしくじる	fail an entrance exam 入学考试考砸了　입시에서 실패하다
察する（さっ）	危険を察する	sense danger 察觉危险　위험을 눈치채다
ささげる	研究に一生をささげる（いっしょう）	devote one's life to one's research 把一生奉献给研究　연구에 일생을 바치다
おびえる	物音におびえる	be frightened by a noise 害怕响声　물건소리에 두려워하다
こみあげる	涙がこみあげる	tears wells up 眼泪汪汪　눈물이 솟아 오르다
	喜びがこみあげる	feel a surge of joy 喜悦涌上心头　기쁨이 복받치다
うぬぼれる	彼女は自分が美人だとうぬぼれている。	She has a very high opinion of her own beauty. 她自我陶醉，觉得自己是个美女。 그녀는 자기가 미인이라고 자만하고 있다 .
ぼうぜんとする	驚いてぼうぜんとする（おどろ）	be struck dumb with amazement 吃惊得呆住了　놀라서 얼떨떨하다
赤らめる（あか）	顔を赤らめる	blush with embarrassment 红了脸　얼굴을 붉히다
凝る（こ）	釣りに凝る（つ）	be absorbed in fishing 热衷于钓鱼　낚시에 열중하다
懲りる（こ）	失敗に懲りる	learn a lesson by making a mistake 吃一堑长一智　실패에 넌더리가 나다
こだわる	物事にこだわる	be particular about something 拘泥于某事　세상사에 구애되다
戸惑う（とまど）	慣れない仕事に戸惑う	be at a loss on a new job 因工作不习惯，感到不知所措　익숙하지 않은 일에 당황해 하다
嘆く（なげ）	失敗を嘆く	grieve over a failure 感叹失败　실패를 한탄하다
ぼやく	「給料が安い」とぼやく	complain about the low pay 发牢骚说“工资太低”「급료가 싸다」라고 투덜거리다
まごつく	やり方がわからなくてまごつく	hesitate from not knowing how to do something 不知道做法，茫然不知所措　하는 방법을 몰라서 갈팡질팡하다

任す（まか）	仕事を任される	be entrusted with a job 被委任工作　일을 맡다		
和む（なご）	心が和む	relax 心情平静　마음이 누그러지다		
かなう	願いがかなう have a dream come true 愿望实现　소원이 이루어지다		➡かなえる	fulfil a wish 满足……的愿望　들어주다
	水泳では、彼にかなう者はいない。	No one can match him in swimming. 在游泳方面，没有人能比得上他。수영에서는 그를 당할 자는 없다.		
	➡彼にはかなわない	No one is as good as he is. 赶不上他　그에게는 당할 수 없다		
意気込む（いきご）	「今度こそ勝つぞ！」と意気込む	the team is determined to win this time　干劲十足地说："这次一定要取胜" 「こんどこそ勝つぞ！」いきごむ「이번에야 말로는 이기겠다」하고 의욕을 보이다		
老ける（ふ）	彼は年のわりには老けて見える。（かれ）	He looks old for his age. 年龄不大，看上去显老。 그는 나이에 비해서는 늙어 보인다.	➡老いる（お）	grow old 年老　늙다
こもる	家にこもる	live in seclusion 闷在家中　집에 틀어 박히다	体に熱がこもる（ねつ）	feel feverish 全身充满干劲　몸에 열이 차다
ごまかす	話をごまかす	avoid telling the truth 说话搪塞　말을 얼버무리다	値段をごまかす（ねだん）	cheat a person out of money 欺瞒价格　가격을 속이다
さえる	目がさえる	be wide awake 眼睛清醒　정신이 말똥말똥해지다	頭がさえる	have a clear head 头脑清晰　머리가 맑아지다

練習Ⅰ 正しいほうに○を付けなさい。

① 東京駅で電車の乗り換えに（a. おびえた　b. まごついた）。

② ピントが合っていない（a. ぼけた　b. とぼけた）写真。

③ 彼は自分に才能があると（a. こだわって　b. うぬぼれて）いる。

④ あの建物は、かなり（a. こった　b. こりた）造りをしている。

⑤ 1時間待ってもバスが来ない。もう待ち（a. くたびれた　b. ばてた）よ。

⑥ 彼は自分の失敗を（a. なげいた　b. ぼうぜんとした）。

練習Ⅱ （　　）にはどれが入りますか。一つ選びなさい。

⑦ 夢が（　　　）プロの野球選手になれた！

　　1　こもって　　　　2　こみあげて　　　3　意気込んで　　　4　かなって

⑧ その少年は、年齢を（　　　）酒を買った。

　　1　どもって　　　　2　しくじって　　　3　ごまかして　　　4　とまどって

▶答えは p.33、正解文の読みは別冊 p.3

いろいろ表現しよう②

どんな様子？②（ようす）

Q.（　）に入るのは？

　　勉強が（　　　）います。

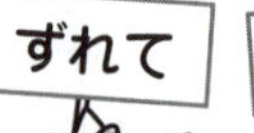

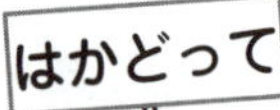

おぼえよう　様子を表す動詞（ようす　あらわ　どうし）

かする	弾が耳をかすった。（たま）	The bullet grazed my ear. 子弹擦过耳朵。　탄환이 귀를 스쳤다.
	➡かすり傷（きず）	a scratch, a scrape 擦伤　찰과상
ぶれる	写真がぶれている。	The picture is blurred. 照片照虚了。　사진이 흔들렸다.
ぼやける	字がぼやけてよく見えない。	The letters are not clear. 字体模糊，看不清楚。　글자가 부예져서 잘 볼 수 없다.
かさむ	経費がかさむ	expenses pile up 经费增多　경비가 겹치다
かさばる	荷物がかさばって持ちにくい。	The bags are too bulky to carry. 行李体积太大，不好拿。　짐이 부피가 커져서 들기 어렵다.
重なる（かさ）	予定が重なる	plans overlap 计划发生冲突　예정이 겹치다　➡（〜を）重ねる（かさ）　pile up　把…重叠　포개다
そびえる	高層ビルが空にそびえている。	Skyscrapers tower high over the city. 高楼大厦耸立在高空。　고층 빌딩이 하늘에 솟아 있다.
たるむ	ひもがたるんでいる。	The string is sagging. 绳子松了。　끈이 늘어져 있다.
	気持ちがたるむ	be lazy　心情松懈　기분이 처지다
とろける	口の中でチーズがとろける	cheese melts in one's mouth 奶酪在嘴里化了　입안에서 치즈가 녹다
はげる	ペンキがはげる	paint comes off 油漆脱落　페인트가 벗겨지다
	頭がはげる	go bald　头秃了　머리가 벗겨지다
さえずる	小鳥がさえずる	birds chirp 小鸟唧唧喳喳地叫　작은 새가 지저귀다
きしむ	床がきしむ	floor creaks 地板嘎吱嘎吱地响　바닥이 삐걱거리다
弾く（はじ）	油は水を弾く	oil repels water 油不溶于水　기름은 물을 튕긴다
	ギターの弦を弾く（げん）	strum a guitar 弹吉他弦　기타의 현을 튕기다
はぐ	魚の皮をはぐ	skin a fish 剥鱼皮　물고기의 껍질을 벗기다
潤う（うるお）	肌が潤う	skin gets moist 皮肤滋润　피부가 습기를 띠다
	駅ができて商店街が潤う。（しょうてんがい）	The new station has enriched the community. 车站建成后，商店街很受益。　역이 생기고 상점가가 활기를 띠다.
繕う（つくろ）	ほころびを繕う	have an open seam mended 修理破绽　터진 곳을 수선하다
	体裁を繕う（ていさい）	keep up appearances 修饰外表　외관을 꾸미다
はかどる	仕事がはかどる	make progress with one's work 工作有进展　일이 진척이 되다

差し掛かる（さ・か）	曲がり角に**差し掛かる**	reach a turning point 靠近拐角　길 모퉁이에 접어들다	
	子どもが思春期に**差し掛かる**	a child reaches adolescent 孩子到了青春期　아이가 사춘기에 접어들다	
引きずる（ひ）	足を**引きずる**	limp 拖着腿　발을 끌다	
反る（そ）	板が**反る**	a piece of wood gets warped 板翘起来　판자가 휘다	➡ひげを**剃る**（そ）　shave one's beard 剃胡子　수염을 깍다
とがる	**とがった**ナイフ	a sharp knife 尖刀　날카로운 나이프	
はれる	まぶたが**はれる**	have swollen eyelids 眼皮肿　눈꺼풀이 붓다	
ずれる	眼鏡（めがね）が**ずれる**	glasses slip off 眼镜滑下来　안경이 미끄러져 내려오다	
	タイミングが**ずれる**	timing is off 错过了时机　타이밍이 빗나가다	
いかれる〈俗語（ぞくご）〉	エンジンが**いかれる**	the engine goes kaput 发动机坏了　엔진이 가 버렸다	
	頭が**いかれている**	crazy 疯了、脑子不正常　제정신이 아니다	

練習 I 正しいほうに○を付けなさい。

① 最近、先の（a. そびえた　b. とがった）靴がはやっているようだ。

② 戸が（a. きしんで　b. さえずって）、キーキーうるさい音がする。

③ このシチューは、牛肉が（a. たるむ　b. とろける）ようにやわらかくて、とてもおいしい。

④ 母が穴（あな）のあいた靴下を（a. うるおって　b. つくろって）くれた。

⑤ バットを振（ふ）ったが、ボールは（a. かすった　b. さしかかった）だけで飛ばなかった。

⑥ メガネが合わないのか、字が（a. かすって　b. ぼやけて）よく見えない。

練習 II （　　）にはどれが入りますか。一つ選びなさい。

⑦ この布は、水を（　　　）加工がされている。

　　1　かさむ　　　　　2　はじく　　　　　3　はぐ　　　　　4　そる

⑧ 虫歯で顔が（　　　）しまった。

　　1　はげて　　　　　2　ずれて　　　　　3　ぶれて　　　　　4　はれて

▶答えは p.35、正解文の読みは別冊 p.4

p.31 の答え：I－①b　②a　③b　④a　⑤a　⑥a　　II－⑦4　⑧3

いろいろ表現しよう②

どんな様子？③

おぼえよう　様子・行動を表す動詞

こめる	心をこめて手紙を書いた。	I wrote a very sincere letter. 用心写信。　마음을 담아 편지를 쓰다.
染める	髪を染める	dye one's hair 染发 머리카락을 물들이다　➡（〜が）染まる be dyed　染上 물들다
尽きる	資源が尽きる	run out of resources 资源枯竭 자원이 고갈되다
偏る	偏った考え	biased idea 偏颇的想法 편중된 생각
はまる	水たまりにはまる	step into a puddle 掉入水塘 물 웅덩이에 빠지다
	鍵が（鍵穴に）はまらない	the key will not fit the keyhole 钥匙塞不进去 열쇠가（열쇠구멍）에 들어가지 않는다
	型にはまる	fit a pattern 老一套 틀에 박히다
	ゲームにはまる（＝熱中する）	be crazy about (video) games 热衷于游戏 게임에 빠지다
とどまる	この町にとどまる	stay in this town 留在这个镇子上 이 마을에 남다
	物価の上昇はとどまることがない。	The prices keep going up. 物价上涨不止。　물가의 상승이 멈추지 않는다.
とどめる	経費を最小限にとどめる	hold the expenses to a minimum 把经费控制在最小程度 경비를 최소한으로 억제하다
	記憶にとどめる	remember 留在记忆中 기억에 남기다
途切れる	会話が途切れる	the conversation comes to a halt 会话中断 회화가 끊기다
途絶える	便りが途絶える	fall out of contact 音信全无　연락이 끊기다
よみがえる	死者がよみがえる	a dead person comes back to life 死者复活 사자가 부활하다
	あの感動が心によみがえる	a touching memory comes back 那份感动重新涌上心头　저 감동이 마음에 되살아나다
ありふれる	ありふれた（＝平凡な）話	conventional story 老生常谈 흔히 있는 이야기
廃れる	流行が廃れる	be out of fashion 过时 유행이 한물가다.
かぶれる	肌がかぶれる	get a rash 皮肤发炎 피부에 염증이 일어나다
	ロック※にかぶれる	be bitten by rockmusic 热衷于摇滚 록큰롤에 미치다　※ロック Rock 'n' roll　摇滚乐 로큰롤
化ける	女に化ける（＝女装する）	disguise oneself as a woman 装扮成女的 여자로 둔갑하다（여장을 하다）
ばれる	うそがばれる	have a lie exposed 谎言暴露 거짓말이 들통나다
釣り合う	収入と支出が釣り合う	the income and expenses are balanced 收入和支出平衡 수입과 지출이 조화를 이루다

絡む (から)	毛糸が**絡む**	yarn gets entangled 毛线缠到一起　털실이 얽히다
	たんが**絡む**	have phlegm caught in one's throat 痰堵住了　가래가 휘감기다
	酔っ払いに**絡まれる**	have a drunk try to pick a quarrel with you 被醉鬼纠缠　취객에게 트집을 잡히다
覆す (くつがえ)	常識を**覆す**	disprove the common sense 颠覆常识　상식을 뒤엎다
見なす (み)	それは不正だと**見なされている**。	That is considered being dishonest. 这被认为是不正当的。　그것은 부정이라고 간주되고 있다.
もたらす	被害を**もたらす**	cause damage 带来损失　피해를 초래하다
しのぐ	夏の暑さを**しのぐ**	bear the heat of the summer 忍耐夏天的酷暑　여름의 더위를 견디다
継ぐ (つ)	父の仕事を**継ぐ**	inherit one's father's business 继承父亲的工作　아버지의 일을 계승하다
つ(っ)つく	ひじでつっつく	nudge with an elbow 用胳膊肘捅　팔꿈치로 치다

練習 I 正しいほうに○を付けなさい。

① 彼の順位は、周囲の予想を（a. くつがえして　b. とだえて）3位に終わった。

② 結婚式のスピーチで、型に（a. そまった　b. はまった）あいさつが続いた。

③ 左右のバランスが（a. つりあって　b. かたよって）いない。

④ 彼は、山の草や木の実を食べて飢えを（a. つきた　b. しのいだ）らしい。

⑤ そのとき一瞬、雲が（a. すたれて　b. とぎれて）日が差した。

⑥ 浮気が妻に（a. ばれて　b. ばけて）しまった。

練習 II（　　）にはどれが入りますか。一つ選びなさい。

⑦ 酔っ払いに（　　　）、けんかになった。

　　1　からまれて　　　　2　かぶれて　　　　3　はまられて　　　　4　みなされて

⑧ その村の人口の減少は、（　　　）ことがなく、とうとう小学校もなくなってしまった。

　　1　すたれる　　　　2　よみがえる　　　　3　とどまる　　　　4　ありふれる

▶答えは p.37、正解文の読みは別冊 p.4

p.33 の答え：I － ①b　②a　③b　④b　⑤a　⑥b　　II － ⑦2　⑧4

どんな様子？④
（ようす）

おぼえよう　様子を表すい形容詞・な形容詞

くすぐったい	足の裏が**くすぐったい**。	My feet feel ticklish. 脚心痒痒。　발바닥이 간지럽다.
渋い（しぶ）	このお茶は**渋い**。	This tea is strong. 这茶涩。 이 차는 떫다.
	渋い顔をする	look grim 绷着脸　떫은 얼굴을 하다　**渋い**色（いろ）　sober colors　素雅的颜色　점잖은 색
華々しい（はなばな）	**華々しい**人生	a glorious life 辉煌的人生　화려한 인생
みずみずしい	**みずみずしい**野菜	fresh vegetables 新鲜的蔬菜　싱싱한 야채
寝苦しい（ねぐる）	**寝苦しい**夜	a restless night 难以入睡的夜晚　（더위등으로）잠들기 어려운 밤
息苦しい（いきぐる）	彼は**息苦し**そうだ。	He looks as if he is having difficulty breathing. 他好像呼吸困难。 그는 숨막혀 하는 것 같다. **息苦しい**雰囲気（ふんいき）　a tense atmosphere　令人窒息的气氛　답답한 분위기
暑苦しい（あつくる）	**暑苦しい**部屋	a stuffy room 闷热的房间　몹시 더워서 괴로운 방
すばし（っ）こい	**すばしっこい**犬	an agile dog 伶俐的狗　재빠른 개
素早い（すばや）	**素早く**答える	answer promptly 快速回答　재빨리 대답하다
速やか（な）（すみ）	**速やか**に退去する	leave instantly 迅速离开　신속하게 퇴거하다
健全（な）（けんぜん）	**健全**な精神（せいしん）	a sound mind 健全的精神　건전한 정신
健やか（な）（すこ）	**健やか**に育つ	grow up soundly 茁壮成长　건강하게 자라다
軽快（な）（けいかい）	**軽快**な曲	rhythmical music 轻快的曲子　경쾌한 곡
好調（な）（こうちょう）	**好調**な売れ行き（ゆ）	selling well 畅销　호조로운 판매상태
好評（な）（こうひょう）	新メニューは**好評**だ。	The new dish is popular. 新菜单深受好评。　신 메뉴는 호평이다.
滑らか（な）（なめ）	**滑らか**な肌	smooth skin 滑腻的皮肤　매끈매끈한 피부
細やか（な）（こま）	**細やか**な愛情	warm affection 深厚的爱情　자상한 애정
鮮やか（な）（あざ）	**鮮やか**な色	bright colors 鲜亮的颜色　선명한 색
緩やか（な）（ゆる）	川の流れが**緩やか**だ。	The river is flowing slowly. 河流缓慢。　강의 흐름이 완만하다.
しなやか（な）	**しなやか**な体	a lithe body 柔和的身体　유연한 몸
和やか（な）（なご）	**和やか**な会話	a peaceful conversation 平和的谈话　부드러운 회화
のどか（な）	**のどか**な風景	a tranquil view 宁静的风景　한가로운 풍경

きらびやか(な)	きらびやかな宮殿（きゅうでん）	a gorgeous palace 华丽的宫殿　현란한 궁전		
つぶら(な)	つぶらな瞳（ひとみ）	round eyes 圆圆的眼珠　동그란 눈동자		
緊急（きんきゅう）(な／の)	緊急な用事	urgent business 紧急的事情　긴급한 용무		
巧妙（こうみょう）(な)	巧妙な手口	a shrewd trick 巧妙的手法　교묘한 방법		
巧み（たく）(な)	巧みな演技	a skillful performance 绝妙的演技　교묘한 연기		
円満（えんまん）(な)	円満な家庭	a happy family 美满的家庭　원만한 가정	円満に解決する	resolve ... to everyone's satisfaction 圆满地解决　원만하게 해결하다
憂うつ（ゆう）(な)	憂うつな日	blue day 郁闷的一天　우울한 날		
大胆（だいたん）(な)	大胆なデザイン	bold design 大胆的设计　대담한 디자인		
流暢（りゅうちょう）(な)	流暢な英語	fluent English 流利的英语　유창한 영어		
透き通（す とお）った	透き通ったガラス	clear glass 透明的玻璃　투명한 유리		

練習 I 正しいほうに○を付けなさい。

① あの役者はとても落ち着いた（a. はなばなしい　b. 渋（しぶ）い）演技をする。

② そのサッカー選手は（a. たくみな　b. つぶらな）技（わざ）で、観客を魅了（みりょう）した。

③ スタートは（a. 健全（けんぜん）　b. 好調）だったのに、最後は力が尽（つ）きて最下位になった。

④ 彼女はいつも（a. きらびやかな　b. しなやかな）アクセサリーを身につけている。

⑤ 当店は、お客様に（a. 細（こま）やかな　b. なめらかな）サービスを提供（ていきょう）しています。

⑥ 景気は（a. のどかに　b. ゆるやかに）回復しています。

練習 II （　　）にはどれが入りますか。一つ選びなさい。

⑦ パーティーは（　　　）雰囲気（ふんいき）で進行していった。

　　1　あざやかな　　　2　なごやかな　　　3　すこやかな　　　4　すみやかな

⑧ 夫婦（　　　）で、幸（しあわ）せな生活（せいかつ）を送っています。

　　1　円満　　　2　健全（けんぜん）　　　3　軽快　　　4　好調

▶答えは p.39、正解文の読みは別冊 p.4

p.35 の答え：I－①a　②b　③a　④b　⑤b　⑥a　　II－⑦1　⑧3

いろいろ表現しよう②

どんな様子？⑤
ようす

学習日　　月　日（　）

習ったような気がするけど、
ぼくの知識は全部あやふやだ。

おぼえよう　様子を表すい形容詞・な形容詞
ようす　あらわ　けいようし

何気ない（なにげ）	何気ない言葉に傷つく（きず）	be hurt by a careless remark 因不经意的话而受伤　아무렇지 않은 말에 상처를 입다
あっけない	あっけない人生	a brief life 无聊的人生　허망한 인생
みすぼらしい	みすぼらしい家	a shabby house 破旧的家　초라한 집
みっともない	みっともない態度（たいど）	disgraceful behavior 不体面的态度　꼴 사나운 태도
汚らわしい（けが）	汚らわしい行為（こうい）	indecent behavior 卑鄙的行为　역겨운 행위
乏しい（とぼ）	わが国は資源に乏しい。（しげん）	Natural resources are scarce in this country. 我们国家缺乏资源。　우리 나라는 자원이 부족하다.
	彼は経験に乏しい。	He lacks experience. 他缺乏经验。　그는 경험이 부족하다.
あくどい	あくどい商売	crooked dealing 恶毒的买卖　악착스런 장사
危うい（あや）	このままでは合格が危うい。	Your chances of passing the entrance exam are waning. 这样下去的话，想合格就危险了。　이대로는 합격이 위험하다.
ややこしい	ややこしい関係	a complicated relationship 复杂的关系　복잡한 관계
素っ気ない（そ け）	素っ気ない返事	a brusque answer 冷淡的答复　무뚝뚝한 답
もろい	もろく壊れやすいワイングラス（こわ）	a fragile wine glass 易碎易坏的葡萄酒杯　약하고 깨지기 쉬운 와인글래스
紛らわしい（まぎ）	紛らわしい言葉	confusing words 含糊不清的话语　헷갈리기 쉬운 말
久しい（ひさ）	彼に久しく会っていない。	I have not seen him for a long time. 我好久没有见他了。　그와 오랫동안 만나지 않았다.
たやすい	たやすく引き受ける（ひ う）	agree to do something without giving it much thought 轻易接受　손쉽게 맡다
平たい（ひら）	平たい石（＝平らな）（たい）	a flat stone 平坦的石头　평평한 돌
はかない	はかない命	a transitory life 短暂的生命　허무한 목숨
あやふや（な）	あやふやな態度をとる（たいど）	take a noncommittal attitude 含糊的态度　애매한 태도를 취하다
うつろ（な）	うつろな瞳（ひとみ）	vacant eyes 呆滞的眼睛　공허한 눈동자
こっけい（な）	こっけいな姿（すがた）	a funny figure 滑稽的样子　우스운 모습　　こっけいな話　a funny story　可笑的话　우스운 이야기
ちっぽけ（な）	ちっぽけな夢（ゆめ）	a very small dream 小小的梦想　작은 꿈
ぞんざい（な）	ぞんざいな言葉遣い（づか）	rough language 粗鲁的话语　무례한 말투
不気味（な）（ぶ き み）	不気味な生き物	a weird creature 瘆人的生物　기분나쁜 생물
不細工（な）（ぶ さい く）	不細工な形	an ugly shape 难看的形状　못생긴 모습

無茶（な） むちゃ	**無茶な**ことを言う	talk nonsense 胡说八道　도리에 어긋난 것을 말하다
雑（な） ざつ	彼の仕事は**雑だ**。	His work is sloppy. 他工作草率　그의 일은 엉성하다.
露骨（な） ろこつ	**露骨に**嫌がる いや	bluntly reject 露骨地厌恶　노골적으로 싫어하다
念入り（な） ねんいり	**念入りな**計画	well-prepared plan 周到的计划　세심한 주의를 기울인 계획
密か（な） ひそ	**密かな**楽しみ	a secret pleasure 隐秘的乐趣　은밀한 즐거움
おろそか（な）	勉強が**おろそか**になる	study gets pushed aside 学习不认真　공부가 소홀하게 되다
まとも（な）	**まともな**仕事	a decent job 正经的工作　제대로된 일
	風を**まともに**受ける	face the wind 正面迎风　바람을 정면으로 받다
ろくな～ない	それは**ろくな**仕事では**ない**。	I doubt that it's a decent job. 那不是什么正经工作。그것은 재대로된 일은 아니다.
	朝から**ろくに**食べて**いない**。	I haven't eaten much since this morning. 从早晨就没正经吃东西。아침부터 제대로 먹지 않다.

練習 I 正しいほうに〇を付けなさい。

① ドライブの前に（a. まともに　b. 念入りに）車の点検をした。
　　　　　　　　　　　　　　　　ねんい

② 一軒家といっても、二部屋だけの（a. ちっぽけな　b. とぼしい）家です。
　いっけんや

③ 子育ては決して（a. おろそかな　b. たやすい）ことではない。

④ 電話から（a. ぶきみな　b. ぶさいくな）声が聞こえてきた。

⑤ （a. みっともない　b. みすぼらしい）から、電車の中でお化粧するのはやめなさい。
　　　　　　　　　　　　　　　　　　　　　　　　　　　　　けしょう

⑥ 生まれて1週間で死ぬという（a. はかない　b. 危うい）命の虫。

練習 II （　　）にはどれが入りますか。一つ選びなさい。

⑦ 友人に金を貸してほしいと言ったら、（　　　）いやな顔をされた。

　　1　ひそかに　　　　　2　むちゃに　　　　　3　ろこつに　　　　　4　こっけいに

⑧ 警察は、その詐欺師の（　　　）手口を解明した。
　　　　　　さぎし　　　　　　てぐち

　　1　ろくな　　　　　　2　あくどい　　　　　3　まともな　　　　　4　あっけない

▶答えは p.41、正解文の読みは別冊 p.4

p.37 の答え：I－①**b**　②**a**　③**b**　④**a**　⑤**a**　⑥**b**　　II－⑦**2**　⑧**1**

どんな様子？⑥
ようす

おぼえよう　程度を表す言葉
ていど　あらわ　ことば

ものすごい	外はものすごい風だ。	It is very windy outside. 外面很大的风。 밖은 엄청난 바람이다.
おびただしい	おびただしい数の虫	a large number of insects 数量极多的虫子 엄청난 수의 벌레
甚だしい はなは	彼は非常識も甚だしい。	He has no common sense at all. 他非常缺乏常识。 그는 너무나 비상식적이다.
目覚ましい め ざ	目覚ましい活躍 かつやく	a remarkable achievement 大显身手 눈부신 활약
限りなく／無限に かぎ　　　むげん	限りなく広がる大草原	a prairie that extends to the horizon 无边无际的大草原 끝없이 펼쳐지는 대초원
果てしない は	果てしない大地	barren land as far as the eye can see 一望无际的大地 끝없는 대지
極めて きわ	極めて重要な問題	a very serious problem 极其重要的问题 극히 중요한 문제
断然 だんぜん	その店の客は若い人が断然多い。	The shop definitely attracts younger people. 那家店的客人绝对是年轻人多。 그 가게의 손님은 젊은 사람이 단연 많다.
めちゃくちゃ（な）	車がめちゃくちゃに壊れる。 こわ	The car is totaled. 汽车坏得一塌糊涂。　차가 엉망으로 부서지다.
	めちゃくちゃおいしい	very tasty (slang)　　　＊日常会話でよく使う。 非常好吃 무지 맛있다　　　にちじょう
めちゃ／めっちゃ	＊最近、若者の間で「めちゃ忙しい」「メッチャうれしい」などとよく使われる俗語。 　カタカナで書くことも多い。　　　　　　　　　　　　　　　　ぞくご	
完ぺき（な） かん	完ぺきな演技	a perfect performance 完美的演技 완벽한 연기
強烈（な） きょうれつ	強烈な印象	a very strong impression 强烈的印象 강렬한 인상
猛烈（な） もうれつ	猛烈に働く	work extremely hard 拼命地工作 맹렬하게 일하다
圧倒的（な） あっとうてき	反対意見が圧倒的に多い。	The majority are opposed. 反对意见占绝大多数。　반대 의견이 압도적으로 많다.
極端（な） きょくたん	極端な意見	an extreme opinion 极端的意见 극단적인 의견
大幅（な） おおはば	大幅に増加する	increase drastically 大幅增加 큰 폭으로 증가하다
半端（な） はんぱ	半端な布	a piece of cloth that is an awkward size 零布头 어중간한 천
中途半端（な） ちゅうとはんぱ	工事が中途半端に終わる。	The construction remains unfinished. 工程半途而废。 공사가 어중간하게 끝나다.
かすか（な）	かすかに聞こえる	can barely hear 能隐约听见 희미하게 들려온다
若干 じゃっかん	若干名の社員を募集する	recruit one or two new employees 招募若干名社员 약간명의 사원을 모집하다

いかなる	いかなるときも全力を尽くそう。	We should always try our best. 任何时候都竭尽全力吧。　어떤 때도 전력을 다하자.	
あらゆる	あらゆる機会を利用する	make use of every opportunity 利用所有的机会　모든 기회를 이용하다	
いたるところ	いたるところで歓迎される	be welcomed everywhere 在各处都受到欢迎　가는 곳마다 환영받다	
大げさ（な）	彼の話は大げさだ。	He exaggerates. 他的话很夸张。　그의 말은 과장되어 있다.	
大まか（な）	要点を大まかに話す	talk about the major points 粗略地说说要点　요점을 대충 말하다	
おおかた だいたい	講義のおおかたは理解できる。	I understand most of the lectures. 讲义多半能理解。　강의의 대부분은 이해할 수 있다.	
	おおかた、明日には回復するだろう。	Most probably it will recover by tomorrow. 差不多明天能恢复。　아마 내일에는 회복할 것이다.	
おおよそ	おおよその見当をつける	estimate roughly 大致能推测出来　대충 짐작을 하다	
おおむね	おおむね賛成である	agree in principle 大致赞成　대체로 찬성이다	

練習Ⅰ 正しいほうに○を付けなさい。

① （a. おおかた　b. おおまか） の人が、彼の意見に賛成した。

② 今回、価格を （a. 大幅に　b. 極めて） 値下げしました。

③ 消費税の値上げには （a. 断然　b. 極端） 反対します。

④ この分野は、ここ 10 年で （a. おおげさな　b. めざましい） 進歩を遂げた。

⑤ このあたりは （a. いたる　b. 限りない） ところにコンビニがあります。

⑥ 砂糖は （a. かすかに　b. 若干） 多めに入れたほうがおいしいです。

練習Ⅱ （　　）にはどれが入りますか。一つ選びなさい。

⑦ 口げんかでは妻のほうが （　　　） 強い。

　1　無限に　　　　　2　圧倒的に　　　　　3　半端に　　　　　4　完ぺきに

⑧ （　　　） 場合でも相談に応じます。

　1　いかなる　　　　2　いたる　　　　　3　おおよその　　　　4　おおむねの

▶答えは p.43、正解文の読みは別冊 p.4

p.39 の答え：Ⅰ－①b　②a　③b　④a　⑤a　⑥a　　Ⅱ－⑦3　⑧2

復習＋もっと

Q. 説明に最も合う言葉を、a・b・c から一つ選びなさい。（答えは p.46）

1日目　▶p.30,31

1．思いがけないことにあって言葉も出なくて、ぼんやりしている様子
　　a　とぼける　　　b　ぼうぜんとする　　　c　まごつく

2．ある対象に、自分の持つすべてを惜しみなくつぎこむ
　　a　ささげる　　　b　かなえる　　　c　さっする

2日目　▶p.32,33

1．数量の大きいことにいう。ほとんどの場合、金銭が多くなって困る
　　a　そびえる　　　b　ぶれる　　　c　かさむ

2．衣服など破れたところや物の壊れたところを直したりして、整える
　　a　つくろう　　　b　うるおう　　　c　はぐ

3日目　▶p.34,35

1．染料や絵の具、墨などがついたりしみ込んだりして、その色になる
　　a　はまる　　　b　そまる　　　c　こめる

2．変化、進行していたものが止まる
　　a　つっつく　　　b　とだえる　　　c　かたよる

4日目

1．丸くて愛らしくて、かわいい様子

    a　なめらかな　　　　b　つぶらな　　　　c　たくみな

2．行動などが速く、軽く動く様子

    a　しなやかな　　　　b　こまやかな　　　　c　すばしっこい

5日目

1．複雑でわかりにくい、やっかいで、紛らわしいなどの意味
　　ふくざつ　　　　　　　　　　　　　　　　　　　まぎ

    a　ややこしい　　b　そっけない　　c　こっけいな

2．元の形や状態がくずれやすくて壊れやすい様子
　　　　　　じょうたい　　　　　　　こわ

    a　しぶい　　　　b　もろい　　　　c　うつろな

6日目

1．数や量、程度などが非常に多い様子
　　かず　りょう　ていど

    a　めざましい　　b　おおげさな　　c　おびただしい

2．終わりがなく、どこまでも続いている様子

    a　圧倒的な　　　　b　果てしない　　　　c　大幅な
    　あっとうてき　　　　は　　　　　　　　おおはば

<table>
<tr><td colspan="3">もっと覚えよう</td><td colspan="2" align="center">＊様子を表す形容詞＊</td></tr>
<tr><td>目まぐるしい
め</td><td>目まぐるしく変わる社会</td><td>rapidly changing society
瞬息万変的社会 어지러이 변하는 사회</td><td rowspan="7">語句や文で
覚えましょう。</td></tr>
<tr><td>たわいない</td><td>たわいない会話を楽しむ</td><td>enjoy small talk
愉快地闲聊 하잘것없는 대화를 즐기다</td></tr>
<tr><td>気まずい
き</td><td>気まずい関係</td><td>an awkward relationship
尴尬的关系 어색한 관계</td></tr>
<tr><td>理屈っぽい
りくつ</td><td>理屈っぽい人</td><td>argumentative person
抠死理的人 이론만 내세우는 사람</td></tr>
<tr><td>高尚な
こうしょう</td><td>高尚な趣味
しゅみ</td><td>refined taste
高尚的兴趣 고상한 취미</td></tr>
<tr><td>大胆な
だいたん</td><td>大胆な意見</td><td>bold opinion
大胆的意见 대담한 의견</td></tr>
<tr><td>切実な
せつじつ</td><td>人間関係の悩みは切実だ。</td><td>Relationship problems are serious.
人际关系的烦恼很是迫切。 인간관계의 고민은 심각하다.</td></tr>
</table>

p.41 の答え：Ⅰ－①**a**　②**a**　③**a**　④**b**　⑤**a**　⑥**b**　Ⅱ－⑦**2**　⑧**1**

月　　日（　）

まとめの問題

制限時間：20分
1問5点×20問
答えは p.46
正解文の読みと解説は別冊 p.4〜5

点数
／100

問題1　（　　）に入れるのに最もよいものを、1・2・3・4から一つ選びなさい。

1　一度払い込んだ入学金は、（　　　）理由があっても返金しません。

　　1　ものすごい　　　2　なにげない　　　3　いかなる　　　4　ややこしい

2　母はいつも「お金がない、お金がない」と（　　　）いる。

　　1　ぼやいて　　　2　とぼけて　　　3　ぼけて　　　4　こりて

3　彼女はいま、ロックに（　　　）います。

　　1　かたよって　　　2　意気込んで　　　3　かぶれて　　　4　ばれて

4　凶悪犯は（　　　）逮捕されてしまった。

　　1　なにげなく　　　2　そっけなく　　　3　みっともなく　　　4　あっけなく

5　このプリンはとても（　　　）舌触りですね。

　　1　あざやかな　　　2　のどかな　　　3　すみやかな　　　4　なめらかな

6　母の愛情の（　　　）手作りのお弁当。

　　1　からんだ　　　2　ばれた　　　3　つきた　　　4　こもった

7　地震で倒れたビルの下から（　　　）声が聞こえる。

　　1　うつろな　　　2　かすかな　　　3　あらゆる　　　4　はんぱな

8　津波はその地方に大きな被害を（　　　）。

　　1　もたらした　　　2　はかどった　　　3　引きずった　　　4　かさばった

9　近所に雷が落ちて、（　　　）音がした。

　　1　はなはだしい　　　2　ものすごい　　　3　すばしっこい　　　4　おびただしい

10　安かったから仕方がないかもしれないが、このソファーは作りがとても（　　　）です。

　　1　雑　　　2　露骨　　　3　巧妙　　　4　不気味

問題2　次の言葉の使い方として最もよいものを、1・2・3・4から一つ選びなさい。

11 かさばる

　　1　今月は食事代がかさばってしまった。

　　2　雨が降ってきたのでかさばって歩いた。

　　3　袋が大きく、かさばって持ちにくい。

　　4　住宅がたくさんかさばっている。

12 どもる

　　1　社長との面談で、緊張のあまりどもってしまった。

　　2　家に明かりがどもっている。

　　3　年をとって頭がだんだんどもってきた。

　　4　調子の悪かったパソコンがついにどもった。

13 そっけない

　　1　家の裏でそっけない音がする。

　　2　その事件はそっけなく解決した。

　　3　相当がんばってもそっけなく合格できないでしょう。

　　4　怒った妻は「勝手にすれば？」とそっけない返事をした。

14 すたれる

　　1　長い間水をやらなかったから、植木がすたれてしまった。

　　2　彼の考え方はすたれていて、年寄りはもちろん若者にも理解できない。

　　3　あんなにはやったゲームだが、あっという間にすたれてしまった。

　　4　「知らない」とすたれてもだめだよ。みんな知っているんだから。

15 ひさしい

　　1　ひさしく素晴らしい映画を見た。

　　2　そういえば、ひさしくすきやきを食べていないなあ。

　　3　彼は自分の意見をひさしく述べた。

　　4　ひさしくない関係の人には、メールアドレスを知らせていない。

16 久しぶりにジョギングをしたら、<u>とても疲れた</u>。

  1　ばてた   2　とぼけた   3　たるんだ   4　こもった

17 私はスポーツは何でも得意だが、水泳だけは田中（たなか）さんに<u>負ける</u>。

  1　おびえる   2　いかれる   3　さえない   4　かなわない

18 それは、どこにでもいる<u>平凡な</u>虫です。

  1　あっけない   2　ありふれた   3　まぎらわしい   4　あやふやな

19 久しぶりに会った高校時代の同級生は、とても<u>実際の年齢より上に</u>見えた。

  1　ぼやけて   2　ばけて   3　はげて   4　ふけて

20 そのスケート選手は、最初のジャンプを<u>失敗して</u>しまった。

  1　しくじって   2　さっして   3　どもって   4　とまどって

復習（p.42〜43）の答え：
1日目　1. b　2. a　　2日目　1. c　2. a　　3日目　1. b　2. b
4日目　1. b　2. c　　5日目　1. a　2. b　　6日目　1. c　2. b

まとめの問題（p.44〜46）の答え：
問題1　1 3　2 1　3 3　4 4　5 4　6 4　7 2　8 1　9 2　10 1
問題2　11 3　12 1　13 4　14 3　15 2
問題3　16 1　17 4　18 2　19 4　20 1

副詞をじっくり学習しよう

副詞をじっくり学習しよう

すらすら問題を解こう

おぼえよう　様子を表す言葉

こうこうと	ライトがこうこうとついている。	The lights are shining brightly. 灯亮堂堂的。 라이트가 밝게 켜져있다.
ごしごし	鍋をごしごしこすって洗う	scrub the pot 用力刷锅 냄비를 쓱쓱 문질러 닦다
すらすら	難問をすらすら解く	answer difficult questions easily 顺利解答难题 난문을 술술 풀다
ずるずる	重い荷物をずるずる引きずる	drag heavy luggage 拖拉着沉重的行李 무거운 짐을 질질 끌다
	ストがずるずる長引く	the strike is dragging on 罢工拖拖拉拉地拖延 파업이 질질 길어지다
ばらばら	機械をばらばらにする	take a machine apart 把机器拆开 기계를 분해하다
	一家がばらばらになる	a family falls apart 一家四分五裂 일가가 따로따로 흩어지다
じめじめ（する）	梅雨で部屋がじめじめしている。	The room is damp during the rainy season. 因梅雨房间里很潮湿。 장마로 방이 눅눅하다.
	じめじめした話	a depressing story 阴郁的话 음울한 이야기
ざあざあ	雨がざあざあ降っている。	It is pouring outside. 雨哗啦哗啦地下。비가 주룩주룩 내리고 있다.
がんがん（する）	頭ががんがんする。	My head is pounding. 头痛得厉害。 머리가 욱신욱신거리다.
かんかん	父がかんかんに怒っている。	My father is in a rage. 父亲大发雷霆。 아버지가 노발대발 화를 내고 있다.
	夏の太陽がかんかんに照りつける。	The summer sun is beating down. 夏天的太阳毒辣辣地照着。 여름의 태양이 쨍쨍 비추고 있다.
だらだら	汗をだらだら流す	drip with sweat 大汗淋漓 땀을 주룩주룩 흘리다
	だらだらと仕事をする	work inefficiently 磨磨蹭蹭地工作 흐뭉흐뭉 일을 하다
	だらだらとした生活	a idle lifestyle 拖拖拉拉地生活 지루하게 이어지는 생활
だぶだぶ	だぶだぶ（＝ぶかぶか）のズボン	baggy pants 肥肥大大的裤子 헐렁헐렁한 바지
つやつや（する）	つやつやしている髪	silky hair 油亮的头发 반짝이는 머리
まちまち	人の意見はまちまちだ。	Opinions vary from person to person. 意见各有不同。 사람의 의견은 각양각색이다.
丸々（まるまる）	丸々太っている赤ちゃん	a plump baby 胖嘟嘟的婴儿 둥글게 살찐 아기
	それをやるには丸々三日かかる。	It will take three whole days to do that. 要这样做，需要整整三天。 그것을 하는 데는 꼬박 3일 걸린다.
ひらひら（する）	カーテンがひらひらしている。	The curtains are swaying. 窗帘在飘动。 커텐이 펄럭이고 있다.
ぐちゃぐちゃ	かばんの中がぐちゃぐちゃになっている。	The inside of my bag is a mess. 包里乱七八糟的。 가방 속이 엉망이 되어 있다.

おぼえよう　程度を表す言葉
ていど　あらわ　ことば

むちゃくちゃ	電車が**むちゃくちゃ**混む。	The train gets unbelievably crowded. 电车挤得一塌糊涂。　전차가 무척 붐비다.
	→むちゃくちゃな意見	an opinion that makes no sense 毫无道理的意见　말도 안되는 의견
さんざん	**さんざん**注意される	be warned strongly 被狠狠地说了一顿　호되게 주의당하다
	→さんざんな目にあう	have a disastrous experience 倒大霉　지독한 꼴을 당하다
ほどほど	**ほどほど**にお酒を飲む	drink moderately 适量饮酒　적당히 술을 마시다
そこそこ	試験で**そこそこ**いい点を取る	do alright in an exam 考试考得还凑合　시험에서 적당히 좋은 점을 얻다
甚だ はなは	**甚**だ迷惑である。 めいわく	It is extremely bothersome. 非常麻烦。　몹시 폐가 된다.

練習 I 正しいほうに○を付けなさい。

① 雨の日が続いて、部屋が（a. ざあざあ　b. じめじめ）している。

② 犬がえさを前にして、（a. ずるずる　b. だらだら）よだれをたらしている。

③ 運送料は業者によって（a. まちまち　b. まるまる）です。

④ 野原をちょうちょが（a. だぶだぶ　b. ひらひら）飛んでいる。

⑤ （a. ばらばら　b. だらだら）のジグソーパズルを組み合わせて完成させた。

⑥ （a. ずるずる　b. すらすら）と日本語が読めるようになりたい。

練習 II （　　）にはどれが入りますか。一つ選びなさい。

⑦ 契約に失敗した。上司は（　　　）怒るだろうなあ。
けいやく　　　　　　じょうし

　　1　がんがんに　　　　2　かんかんに　　　　3　ごしごしと　　　　4　こうこうと

⑧ 絶対に当選すると思っていたので、彼が落選したのは（　　　）残念なことです。

　　1　そこそこ　　　　2　ほどほど　　　　3　はなはだ　　　　4　さんざん

▶答えは p.51、正解文の読みは別冊 p.5 〜 6

副詞をじっくり学習しよう

着々と進めよう
ちゃくちゃく　　すす

学習日

月　日（　）

おぼえよう

人の様子	うとうと（する）	電車の中でうとうとした。	I dozed off on the train. 在电车上打起了瞌睡。 전철에서 꾸벅꾸벅 졸았다.
	ふらふら（する）	頭がふらふらする	feel faint 头晕 머리가 빙글빙글돈다
	おどおど（する）	面接でおどおどする	act shyly at interview 面试时战战兢兢的 면접에서 주뼛주뼛하다
	くよくよ（する）	そんなにくよくよしないで。	Stop brooding. 不要那么愁眉不展。 그렇게 끙끙 앓지 마라.
	ぴんぴん（する）	祖父はぴんぴんしている。	My grandfather is full of life. 祖父特别硬朗。 조부님은 정정하다.
	ぺこぺこ（する）	ぺこぺこお辞儀をする	bow repeatedly 点头哈腰地行礼 꾸벅꾸벅 인사를 하다
		➡ おなかがぺこぺこだ。	I am famished. 肚子饿瘪了。 배가 몹시 고프다.
	わくわく（する）	久しぶりの旅行にわくわくする。	I am excited to travel for the first time in a while. 是久违的旅行,很是兴奋。 오랜만의 여행이라 가슴이 설렌다.
	はらはら（する）	見ていてはらはらする。	It makes me nervous to watch. 看着就捏着一把汗。 보고 있자니 조마조마하다.
		花びらがはらはらと散っている。	The flower petals are fluttering to the ground. 花扑簌簌地落下。 꽃잎이 하늘하늘 떨어지고 있다.
	むかむか（する）	胃がむかむかする。	My stomach feels sick. 反胃。 위가 메슥메슥거린다.
		彼の態度にむかむかする（＝むかつく）。	He annoys me. 他的态度让我直冒火。 그의 태도에 울컥하다.
	こつこつ	こつこつ貯金する	slowly and steadily save money 一点点地坚持存钱 꾸준히 저금하다
		靴音がこつこつと響く	the shoes clatter 鞋跟咯噔咯噔地响 구두 소리가 딱딱 울리다
	ゆうゆう	ゆうゆうと散歩する	take a leisurely walk 悠闲地散步 느긋하게 산책하다
		待ち合わせにゆうゆう間に合う	arrive early for a meeting 轻轻松松就能赶上约定时间 약속시간에 느긋하게 대다
	がみがみ	いつも母親にがみがみ言われる。	My mother always nags me. 总是被母亲唠叨。 언제나 어머니에게 잔소리를 듣는다.
	いやいや	いやいや仕事をする	work unwillingly 不情愿地工作 마지못해 일을 하다
	しぶしぶ	しぶしぶ承知する	agree reluctantly 不情愿地答应了 마지못해 승낙하다
	つくづく	自分がつくづくいやになる。	I am utterly disappointed with myself. 自己真腻歪死了。 자기가 정말 싫어진다.
時	ぎりぎり	会議にぎりぎり間に合った。	I was just in time for a meeting. 勉强赶上了会议。 회의에 아슬아슬하게 도착했다.
	ぼつぼつ	さあ、ぼつぼつ（＝そろそろ）出かけよう。	Let's get going. 好了,咱们差不多该走了。 자 슬슬 외출하자.
	ちょくちょく	彼はちょくちょく遊びに来る。	He comes by every once in a while. 他时常过来玩。 그는 가끔 놀러 온다.
	しばしば	地震がしばしば（＝たびたび）起こる。	Earthquakes occur frequently. 地震常常发生。 지진이 종종 일어난다.

その他	代わる代わる （か が）	代わる代わる（＝交代で）意見を述べる （こうたい）	take turns expressing opinions 轮流陈述意见　교대로 의견을 말하다
	ところどころ	壁がところどころ汚れている。 （かべ）	The wall is dirty here and there. 墙壁上许多地方都脏了。　벽이 군데군데 더러워져 있다.
	わざわざ	わざわざお越しいただいて……。	Thank you for taking the trouble to come. 您专门过来……　일부러 와 주셔서.
	くれぐれも	くれぐれもよろしくお伝えください。	Please give my best regards to ... 一定要代我问好。　부디 잘 전달해 주세요.
	方々 ほうぼう	方々歩き回る	wander around 四处走动　달각달각 걸어 다니다
	種々 しゅじゅ	サイズが種々ある。	They come in various sizes. 有各种尺寸。　사이즈가 각종있다.
	着々 ちゃくちゃく	着々と進んでいる	be making steady progress 顺利进展　척척 진행되다
	長々 ながなが	長々とおじゃましました。	I am sorry to have stayed for so long. 长时间打扰了。　오래도록 폐를 끼쳤습니다.
	転々 てんてん	職場を転々とする	change jobs frequently 辗转换单位　직장을 전전하다
	点々 てんてん	床に血が点々とついている。	There are drops of blood on the floor. 地板上血迹斑斑。　바닥에 피가 뚝뚝 묻어 있다.

練習 I 正しいほうに○を付けなさい。

① 彼は住居を（a. 種々　b. 転々）とした。

② このラーメン屋には（a. ぼつぼつ　b. ちょくちょく）きます。

③ 済んだことをいつまでも（a. くよくよ　b. ふらふら）しても仕方がない。

④ 話題の本を買おうと思って（a. ほうぼう　b. かわるがわる）探したが、どこも

　売り切れだった。

⑤ このレポートは（a. ところどころ　b. 点々）字の間違いはあるが、いい内容だ。

⑥ 彼女は、文句を言いながらも（a. しぶしぶ　b. つくづく）仕事を手伝ってくれた。
（もん く）

練習 II （　　）にはどれが入りますか。一つ選びなさい。

⑦ 今から駅に向かったら、10時の電車に（　　　）間に合うでしょう。

　　1　ゆうゆう　　　　2　はらはら　　　　3　ちょくちょく　　　4　くれぐれも

⑧ 彼は家を買う資金を（　　　）貯めている。

　　1　つくづく　　　　2　しばしば　　　　3　こつこつ　　　4　わざわざ

▶答えは p.53、正解文の読みは別冊 p.6

p.49 の答え：I － ①b　②b　③a　④b　⑤a　⑥b　　　II －⑦2　⑧3

じっくり考えよう

学習日　　月　日（　）

おぼえよう

○っ○り			
じっくり	じっくり考えてから返事をする	reply prudently 考虑仔细后再答复　곰곰히 생각하고 답을 하다	
じっとり（する）	じっとりと汗ばむ	sweat heavily 汗津津的　흥건히 땀이 배다	
しっとり（する）	しっとりとぬれる	become wet 濡湿　촉촉하게 젖다	
	しっとりと落ち着いた女性	a calm woman 镇定自若的女性　조용하고 참한 여성	
あっさり（する）	あっさりした味	simple flavour 清淡的味道　개운한 맛	
	試合にあっさり負ける	lose the game easily 比赛中轻易被打败　시합에는 깨끗이 지다	
さっぱり（する）	さっぱりした性格	a frank personality 直爽的性格　깔끔한 성격	
	お風呂に入ってさっぱりした。	I felt refreshed from the bath. 我洗完澡特别清爽。　목욕을 해서 산뜻하다 .	
がっしり（する）	がっしりした体つき	a solid build 健壮的身体　다부진 체격	
がっちり（する）	がっちり（＝がっしり）した建物	a solid building 坚固的建筑物　튼튼하고 다부진 건물	
	がっちりお金をためる	save money steadily 精打细算地存钱　야무지게 돈을 모으다	
がっくり（する）	試験に落ちてがっくり（＝がっかり）した。	I felt down from failing the exam. 因考试不合格，特颓丧。　시험에 떨어져 낙담했다 .	
	がっくりと首をたれる	hang one's head low 突然无力地垂下头　푹 고개를 떨구다	
きっかり	きっかり10時に開店する	open at ten on the nose 十点整开门　정확히 10 시에 개점한다	
きっぱり	きっぱり断る	flatly refuse 断然拒绝　단호하게 거절하다	
ぐったり（する）	疲れてぐったりする	be dead tired 累得筋疲力尽　피곤해서 축 늘어지다	
くっきり（する）	晴れて富士山がくっきり見える。	I can see Mt. Fuji clearly because of the nice weather. 天气晴朗，能清楚地看到富士山。 맑아서 후지산이 뚜렷이 보이다 .	
ぐっしょり びっしょり	汗でぐっしょりぬれる	be soaked with sweat 汗流浃背　땀으로 흠뻑 젖다	
げっそり	病気でげっそりやせる	lose a lot of weight from being ill 因生病急剧消瘦　병으로 홀쭉하게 마르다	
てっきり	てっきりみんな知っていると思っていた。	I just assumed everyone knew. 我原以为大家肯定都知道。 영락없이 모두 알고 있다고 생각하고 있다	
まる（っ）きり	昔とまるっきり（＝まるで）違っている。	It has completely changed. 和以前完全不同。　옛날과 전혀 다르다 .	

○ん○り	うんざり（する）	その話はもう**うんざり**だ。	I am tired of hearing that story. 那些话早就听烦了。　그 이야기는 이제 진절머리가 난다.
	すんなり（する）	**すんなり**した手足	slender arms and legs 修长的手脚　늘씬한 손발
		問題は**すんなり**解決した。	The problem was fixed easily. 问题顺利解决了。　문제는 술술 해결됐다.
○っと	**さっと**	テーブルを**さっと**ふく	give the table a quick wipe 擦了一把桌子　테이블을 재빠르게 닦다
	はっと（する）	物音に**はっとする**（＝ 驚_{おどろ}く）	jump from a sudden noise 被那动静吓了一跳　무슨 소리에 깜짝 놀라다
		はっと気がつく	suddenly notice 忽然发觉　문득 알아채다
	きちっと（する）	引き出しに**きちっと**（＝きちんと）しまう	put away neatly in a drawer 整整齐齐地放到抽屉里　서랍에 똑바로 넣다
	ぎゅっと	手を**ぎゅっと**握_{にぎ}る	hold hands tightly 用力握手　손을 꼭 잡다
その他	**ぴたりと**	**ぴたりと**言い当てる	guess exactly 一语中的　딱 맞추다
	ずばり	**ずばり**一言で言ってください。	Would you come directly to the point? 请开门见山地说。　단도직입적으로 한마디로 말해 주세요.

練習 I 正しいほうに○を付けなさい。

① 「たばこ」という言葉は（a. きっぱり　b. てっきり）日本語だと思っていたけど、違うんだね。

② 彼は、それが自分の犯行であることを（a. あっさり　b. がっくり）認めた。

③ ライトアップで東京タワーが夜空に（a. くっきりと　b. きちっと）浮かび上がった。

④ 彼女は（a. さっと　b. はっと）立ち上がって、座席を老人に譲_{ゆず}った。

⑤ 新しい携帯電話_{けいたい}の使い方が（a. うんざり　b. さっぱり）わからない。

⑥ 今日限りで（a. きっぱり　b. きっかり）と酒をやめます。

練習 II （　　）にはどれが入りますか。一つ選びなさい。

⑦ 遊んだ後はおもちゃを（　　　）片付けなさい。

　　1　さっぱり　　　　2　きちっと　　　　3　すんなり　　　　4　がっくり

⑧ 運動して汗を（　　　）かいた。

　　1　しっとり　　　　2　げっそり　　　　3　びっしょり　　　　4　ぎゅっと

▶答えは p.55、正解文の読みは別冊 p.6

p.51の答え：I − ①b　②b　③a　④a　⑤a　⑥a　　II −⑦1　⑧3

あらかじめ準備しておこう

Q. ＿＿と同じ意味は？

彼は絶えずガムをかんでいる。

※ 頻度 frequency 频率 빈도

おぼえよう

時を表す言葉			
先に（さき）	先に述べたように……	As I mentioned to you earlier,	正如刚才所说的…　앞에서 말한 듯이…
じきに	にわか雨だからじきにやむよ。	It is only a light rain so it will stop shortly.	因为是阵雨，马上就会停。　소나기이니까 곧 그칠거야
さなか	暑いさなかに外出する	go out on a hot day	正热的时候外出　더위가 한창일때 외출하다
とっさに	とっさにブレーキを踏んだ。	I slammed on the breaks.	刹那间踩刹车。　순간적으로 브레이크를 밟다.
不意に（ふい）	不意に訪問される	have an unexpected visit	突然有人造访　돌연히 방문해 오다
いまさら	いまさらできないと言われても困る。	It is too late for you to renege.	事到如今你再跟我说无法做到，那可麻烦了。　지금에 와서 할 수 없다고 해도 곤란하다.
	いまさら言うまでもないが…	I shouldn't have to tell you this but …	到现在不用再说了…　지금에 와서 말할 필요도 없지만…
いまに	そんなことをしていると、いまに後悔（こうかい）しますよ。	You will someday regret what you are doing now.	那样做早晚会后悔的。　그런 것을 하고 있으면 금세 후회해요.
いまにも	いまにも雨が降りそうだ。	It looks like it's going to rain any minute.	好像马上就要下雨了。　당장이라도 비가 내릴 것 같다.
いまだに	いまだにその事件は解決していない。	The crime has still not been solved.	那个事件至今仍然没有解决。　아직 그 사건은 해결하지 않았다
いざ	いざという時に	in case of emergency	紧急的时候　여차할 때
あらかじめ（＝前もって）（まえ）	欠席の場合は、あらかじめご連絡ください。 ＊少し硬い言い方（かた）	Please contact us in advance if you cannot attend.	如果缺席，请提前联系。　결석일 경우는 미리 연락을 해 주세요.
かねて（より/から）	かねて計画していた旅行をする	leave on a trip which has been planned in advance	按事先的计划去旅行　전부터 계획하고 있었던 여행을 하다
	お名前はかねてから伺っております。	I have been hearing about you for a long time.	您的名字早有耳闻。　이름은 진작부터 듣고 있었습니다.
かつて	かつて住んでいた場所	a place where I once lived	以前住过的地方　일찍이 살았던 장소
頻度を表す言葉			
しょっちゅう	しょっちゅう酒を飲む	drink frequently　经常喝酒　자주 술을 마시다	
絶えず（た）	絶えず水が流れている。	The water is constantly running.	水不断地流。　끊임없이 물이 흐르고 있다.
再三（さいさん）	再三、注意する	warn over and over again	再三提醒　재삼 주의하다
片時も（かたとき）	子どもから片時も目が離（はな）せない。	I cannot take my eyes off my child for even one second.	眼睛一刻也不能离开孩子。　아이 무렵부터 한시도 눈을 뗄 수가 없었다.
四六時中（しろくじちゅう）	彼は四六時中、食べている。	He eats at all hours of the day.	他一天到晚都在吃。　그는 하루종일 먹고 있다.
時折（ときおり）	時折、鳥の鳴き声がする。	I hear birds chirping every once in a while.	偶尔会听到鸟叫声。　때때로 새의 울음소리가 나다.

否定語が後に来る言葉	めったに〜ない	私はめったに風邪をひかない。	I rarely catch a cold. 我很少感冒。 나는 좀처럼 감기에 걸리지 않는다.
	二度と〜ない（にど）	二度と遅刻はしません。	I will never be late again. 我绝不再迟到了。다시는 지각하지 않겠습니다.
	到底〜ない（とうてい）	到底間に合わない	cannot possibly make it in time 无论如何也赶不上　도저히 시간에 댈 수가 없다
		到底無理だ。	It's absolutely impossible. 怎么也不行。도저히 무리다.
	一向に〜ない（いっこう）	話が一向に進まない。	The discussion is going nowhere. 谈话毫无进展。이야기가 전혀 진척되지 않는다.
		➡ 一向に平気だ。	I don't care at all. 完全不在乎。전혀 아무렇지도 않다.
	一切〜ない（いっさい）	私はその事件とは一切関係ない。（じけん）（かんけい）	I have nothing to do with the case. 我和那个事件没有丝毫关系。나는 그 사건과는 일체 관계없다.
	さっぱり〜ない	講義がさっぱりわからない。（こうぎ）	I do not understand the lecture at all. 讲义一点也不明白。강의가 완전히 모르겠다.
	さほど〜ない	今日はさほど（＝それほど）寒くない。	It is not that cold today. 今天并不那么冷。오늘은 그다지 춥지 않다.
	ろくに〜ない	わたしはろくに英語が話せない。	I can hardly speak English. 我英语说不好。나는 영어를 제대로 못한다.

練習 I　正しいほうに○を付けなさい。

① 彼女はぐっすり寝ていて、（a. いっこうに　b. とうてい）目を覚ます気配がない。

② 私は（a. いまに　b. いまだに）海外旅行をしたことがない。

③ 新タイプの機種ですが、値段は（a. さっぱり　b. さほど）高くないですよ。

④ 最初は違和感があるけど、（a. 先に　b. じきに）慣れるよ。

⑤ 妻は（a. 四六時中　b. 片時も）文句を言っている。（もんく）

⑥ 後ろから（a. 時折　b. 不意に）呼びかけられて驚いた。（おどろ）

練習 II　（　　　）にはどれが入りますか。一つ選びなさい。

⑦ 最近の高校生は（　　　）携帯電話を離さない。（けいたい）（はな）

　　1　しょっちゅう　　　2　片時も　　　　3　再三　　　　4　とっさに

⑧ 30年ぶりに母校を訪ねたら、（　　　）校庭だったところに大きなマンションが建っていた。

　　1　かつて　　　　　　2　いまに　　　　3　先に　　　　4　かねて

▶答えは p.57、正解文の読みは別冊 p.6

p.53の答え：I－①b　②a　③a　④a　⑤b　⑥a　　II－⑦2　⑧3

副詞をじっくり学習しよう

ひたすら覚えよう

おぼえよう　強調を表す言葉

いたって	母は、至って元気です。	My mother is doing very well. 妈妈非常精神。 엄마는 대단히 건강합니다.
いかにも	社長の考えはいかにも日本的だ。	The president's way of thinking is typically Japanese. 社长的想法实在是日本式的。 사장의 생각은 너무나도 일본적이다.
	➡ いかに（＝どれほど）努力してもできないだろう。	I probably will not succeed no matter how hard I try. 无论怎么努力，都不行。 아무리 노력해도 할 수 없을 것이다.
いやに	今日はいやに暑い。	It is awfully hot today. 今天特别热。 오늘은 이상하게 덥다.
さも	さもあろう。＊当然だという気持ちを表す。	That may be so.　很可能吧。 그렇기도 하겠지.
	彼はさも（＝いかにも）うれしそうに笑った。	He smiled with evident pleasure. 他很高兴似地笑了。 그는 자못 기쁜듯이 웃었다.
何より	合格して何よりうれしい。	I am so glad to have passed the exam. 合格了，比什么都高兴。 합격해서 무엇보다 기쁘다.
とりわけ	とりわけ（＝特に）ビールが好きだ。	I particularly like beer. 特别喜欢啤酒。 그 중에서도 맥주를 좋아한다.
ことに	この小説はことに（＝特に、とりわけ）面白い。	This novel is quite interesting. 这个小说特别有趣。 이 소설은 특히 재미있다.
さぞ さぞかし	ご両親はさぞ（かし）お喜びでしょう。	Your parents must be happy. 您父母肯定会很高兴。 양친은 자못 기쁠것이다.
よほど よっぽど	あの荷物はよほど重いようだ。	That box looks awfully heavy. 那行李好像很沉。 저 짐은 상당히 무거운것 같다.
	よっぽど国に帰ろうかと思った。	I almost went back to my country. 很想回国。 무척 고향으로 돌아갈까 생각했다.
なおさら	だめだと言われると、なおさら（＝ますます）やりたくなる。	Being told it is impossible makes me want to do it all the more. 如果别人说不行，反而更想做。 안된다고 하면 더욱 하고 싶어진다.
まさしく	これはまさしく本物のダイヤです。	This is definitely a real diamond. 这的确是真的钻石。 이것은 정말 진짜 다이아몬드입니다.
まして	大人でもできないのだから、まして子どもには無理だ。	There is no way an adult can do it, let alone a child. 连大人都不会，孩子就更不行了。 어른이라도 할 수 없는데 하물며 아이에게는 무리다.
誠に	誠に申し訳ありません。	I am truly sorry. 真是对不起了。 정말로 죄송합니다.
もっぱら	休日はもっぱらゴルフをしている。	I devote my spare time entirely to golf. 休假日专门打高尔夫。 휴일은 한결같이 골프를 하고 있다.
ひたすら	ひたすら走り続ける	keep running forever 一个劲儿地跑步 오로지 계속 달린다
もろに	もろに地震の被害を受けた。	We were directly affected by the earthquake. 全面受到了地震的危害。 직접 지진의 피해를 입다.

やけに やたらに やたらと	やけにのどが渇くなあ。	I am awfully thirsty.	嗓子渴得要命。 이상하게 목이 마르구나.
	最近、やたらと寝汗をかく。	I sweat an awful lot in my sleep these days.	最近晚上盗汗很厉害。 최근에 몹시 잠자면서 식은 땀을 흘린다.
たかが	たかが一度の失敗で、あきらめるな。	Don't give up over just one failure.	不就是失败了一次吗，不要放弃。 고작 한번의 실패로 포기하지 마라.
	たかが子どもの言うことだ。	It's just a child's comment.	不过是孩子说的话。 기껏 아이가 말하는 것이다.
てんで	その話はてんで面白くない。	That story is not at all interesting.	这事儿一点也没意思。 그 이야기는 전혀 재미있지 않다.
むろん	私はむろん（＝もちろん、言うまでもなく）賛成だ。	I certainly agree.	当然赞成。 물론 찬성이다.
なんと なんて	なんときれいな人だろう。	What a beautiful person.	多么漂亮的人呀。 얼마나 아름다운 사람인가.
残らず	知っていることを残らず話す	tell all of what you know	把知道的毫无保留地说出来 알고 있는 것을 남김없이 말하다

練習 I 正しいほうに○を付けなさい。

① このカップ麺は、あそこのラーメン屋より （a. よっぽど　b. まして） おいしい。

② 彼は何も言わないが、（a. さも　b. いたって） いやそうな顔をしている。

③ 虫に刺されたところをかいたら、（a. なおさら　b. まさしく） かゆくなった。

④ あのおばあさんは、昔は （a. さぞかし　b. なんと） 美人だったことでしょう。

⑤ 今日、外は （a. まして　b. やけに） 寒いです。

⑥ 棚の角に （a. むろん　b. もろに） 頭をぶつけてしまった。

練習 II （　　） にはどれが入りますか。一つ選びなさい。

⑦ 試験問題はとても難しく、（　　　） わからなかった。

　　1　いたって　　　　　2　さぞ　　　　　　3　てんで　　　　　4　もろに

⑧ 年をとっても健康でいられるということは （　　　） ですね。

　　1　とりわけ　　　　　2　なにより　　　　3　ひたすら　　　　4　いかにも

▶答えは p.59、正解文の読みは別冊 p.6

p.55 の答え： I － ①a　②b　③b　④b　⑤a　⑥b　 II －⑦2　⑧1

どうにか最後（さいご）までやろう

おぼえよう

あいにく	あいにく留守にしています。	Unfortunately he is out. 不巧他不在家。　공교롭게도 아버지는 부재중입니다.
案の定（あん じょう）	ダメだと思っていた。案の定不合格だった。	I thought I would fail, and sure enough I did. 本来就觉得不行，不出所料，就是不合格。 안된다고 생각하고 있었는데, 생각대로 불합격이었다.
敢えて（あ）	負けるとわかっていたが、敢えて挑戦（ちょうせん）した。	I knew I would lose but I tried anyway. 我知道会失败，但硬是挑战了。 질것이라고 알고 있지만, 일부러 도전했다.
強いて（し） （☞p.18 強いる）	強いて（=無理に）やめろとは言わない。	I won't force you to stop. 并不是硬要你住手。　굳이 그만두라고 하진 않는다.
	強いて言えば、こっちのほうがましだ。	If I were to compare them, this one is better. 非要说的话，这个更好些。　굳이 말하자면 이쪽이 낫다.
自ずから（おの） 自ずと（おの）	努力すれば自ずから道は開（ひら）ける。	If you work hard, opportunities will arise. 只要努力，道路自然就会铺开。　노력하면 저절로 길은 열린다.
自ら（みずか）	自ら進んで勉強する	study of one's own initiative 自己主动学习　스스로 나서서 공부한다
とかく	寒くなると、とかく遅刻者が多くなる。	More people tend to come late as it gets colder. 变冷后, 迟到的人变多了。推凉则，어쨌든 지각자가 많아 진다.
なるたけ	なるたけ（=なるべく）早く来てください。	Please come as soon as possible. 请尽量早点来。　가능한 한 빨리 와 주세요.
努めて（つと）	努めて（=できるだけ）冷静にする	make an effort to compose oneself 尽量冷静　힘써 냉정하게 하다
ひいては	自分のため、ひいては家族全体のために頑張（がんば）ろう。	I'll work hard for the benefit of myself and my family. 为了自己以及全家人，我要努力。 자신을 위해 나아가서 가족 전체를 위해서 애쓰자.
もはや	もはや（=もう）彼の回復は望めない。	He no longer has any chance of recovery. 他恢复已经没有指望了。 이제는 그의 회복은 바랄 수가 없다.
かえって	近道したら、かえって時間がかかった。	We took a shortcut but it actually took us more time. 本想走近道，反而更花时间。 가까운 길로 가려다가 오히려 시간이 걸렸다.
とりあえず	とりあえず何（なに）か食べよう。	Let's eat first. 先吃点什么吧。　우선 무언가 먹자.
かろうじて	かろうじて最終電車に間に合った。	I barely made the last train. 勉勉强强赶上了末班电车。 간신히 최종열차 시간에 댔다.
ことごとく	私の案（あん）はことごとく却下（きゃっか）された。	All my proposals were rejected. 我的方案全部被驳回了。 나의 안은 모조리 거절 당했다.
ふんだんに	イチゴをふんだんに使ったケーキ	a cake with plenty of strawberries in it 用了大量草莓的蛋糕　딸기를 많이 쓴 케익
幸い（に）（さいわ）	事故（じこ）にあったが、幸いけがはなかった。	I was in an accident but luckily I was not injured. 遇上了事故，幸而没有受伤。사고를 당했지만 다행이 부상은 없었다.
	お返事をいただければ幸いです。	I will look forward to your reply. 如果您能答复，我将不胜荣幸。답을 주시면 다행입니다.
現に（げん）	現に（=実際に）、私はそれを見た。	I actually saw it. 我亲眼看到了。　실제로 내가 그것을 봤다.

いずれも いずれにしても いずれにせよ	いずれにしても、高くて買えない。	It is too expensive for me to buy anyway. 总之是太贵，买不起。어쨌든 비싸서 살 수 없다.
	いずれ（＝そのうち）また来ます。	I will come again soon. 改日再来。어차피 또 오겠습니다.
仮に かり	仮に試験に落ちたら、どうしますか。	Suppose you fail the exam. What will you do then? 如果考试没过，那该怎么办。 설령 시험에 떨어졌다면 어떻게 하겠습니까.
ひょっとすると ひょっとして	ひょっとすると彼の話はうそかもしれない。	His story may possibly be a lie. 也许他说的是谎言。 어쩌면, 그의 말은 거짓일 지도 모른다.
もしかして もしかすると	もしかして、あなたは、田中さん？ たなか	Are you Mr.Tanaka, by any chance? 难道你是田中先生？ 혹시 당신은 다나카씨?
どうにか （＝何とか）	どうにかあの会社に就職したい。 しゅうしょく	I somehow or other want to get a job at that company. 无论如何都想进哪家公司。어떻게든 저 대학에 취직하고 싶다.
	どうにか大学は卒業した。	I somehow graduated from university. 好歹算是大学毕业了。어떻게든 대학은 졸업했다.
	どうにかなるだろう。	I'll manage. 总会有办法。어떻게든 될 것이다.
どうやら	どうやら（＝おそらく）彼が優勝しそうだ。	It is likely that he will win the competition. 看来多半他能获胜。 아무래도 그가 우승한것 같다.
	どうやら（＝どうにか）間に合った。	I just made it. 好歹算是赶上了。 간신히 시간에 댔다.

練習 I　正しいほうに○を付けなさい。

① 夫婦円満だと思っていたのに、（a. どうにか　b. どうやら）彼らは離婚したらしい。
　　　　　　　　　　　　　　　　　　　　　　　　　　　　　　　　　　りこん

② （a. 仮に　b. 現に）手術したとしても、彼は助からなかっただろう。
　　　　 かり　　 げん　　　　　　　　　　 かれ

③ あれ、おかしい。（a. ひょっとすると　b. あえて）道を間違えたかもしれない。

④ チームは（a. なるたけ　b. かろうじて）予選を勝ち抜いた。

⑤ お客様には（a. つとめて　b. しいて）笑顔で接してください。

⑥ 申し訳ありません。その本は（a. もしかして　b. あいにく）在庫を切らしております。
　　もう　わけ

練習 II　（　　）にはどれが入りますか。一つ選びなさい。

⑦ これは、季節の野菜を（　　　　）使った料理です。
　　　 きせつ

　　1　おのずから　　　　2　ことごとく　　　　3　ふんだんに　　　　4　とかく

⑧ いくつも提案したが、私の案は（　　　　）受け入れられなかった。
　　　　 ていあん　　　　 あん

　　1　ことごとく　　　　2　ひょっとして　　　　3　ひいては　　　　4　かりに

▶答えは p.61、正解文の読みは別冊 p.6 ～ 7

p.57 の答え：I － ①a　②a　③a　④a　⑤b　⑥b　　II －⑦3　⑧2

復習＋もっと

Q. 説明に最も合う言葉を、a・b・c から一つ選びなさい。（答えは p.64）

1日目　▶p.48,49

1. 衣服などが大きすぎて、体に合っていない様子
   a　だらだら　　　b　ずるずる　　　c　だぶだぶ

2. やっと基準に達するか達しないかの程度にとどまる様子
   a　そこそこ　　　b　さんざん　　　c　むちゃくちゃ

2日目　▶p.50,51

1. 相手に対して必要以上に頭を下げて謝ったり、気に入られようとする
   a　はらはらする　　　b　ぺこぺこする　　　c　ぴんぴんする

2. 仕事や勉強などが次々と順序良く進む様子
   a　転々と　　　b　長々と　　　c　着々と

3日目　▶p.52,53

1. 不快に思うほどに、ひどく湿った様子
   a　しっとり　　　b　じっとり　　　c　じっくり

2. 顔や体などが、何かの原因で急にやせて衰える
   a　げっそりする　　　b　ぐっしょりする　　　c　がっしりする

4日目　▶p.54,55

1．心構えや準備ができないほどのごくわずかな時間という意味

    a　さなかに　　　b　とっさに　　　c　いまに

2．すべてという意味。後ろに「～ない」を伴って全然という意味（ともな）

    a　いっさい　　　b　いっこうに　　　c　とうてい

5日目　▶p.56,57

1．その程度なら、問題にするほどの価値がないという意味（ていど）（かち）

    a　いやに　　　b　まことに　　　c　たかが

2．後ろに「～ない」や否定的な語が来て、まったくという意味（ひていてき）

    a　てんで　　　b　なんと　　　c　さぞ

6日目　▶p.58,59

1．どれを選んでも結果は変わらないという時に使う

    a　おのずから　　　b　いずれにせよ　　　c　かえって

2．過去と違って、今となっては、すでに、という意味

    a　もはや　　　b　とかく　　　c　どうにか

もっと覚えよう　　＊**程度を表す副詞**＊

たいそう	父は**たいそう**喜んでいました。	My father was very happy. 父亲非常高兴。 아버지는 무척 기뻐하셨습니다.
ごく	**ごく**親しい人だけに知らせた。	I informed only my close friends. 只通知了非常亲密的人。 정말로 친한 사람에게만 알렸다.
わずか	**わずか**1秒の差で負けた。	I lost by just one second. 仅一秒之差输了。 불과 1초의 차로 졌다.
ぐんと	前より**ぐんと**よくなった。	It is much better than before. 比以前好多了。 예전보다 훨씬 좋아졌다.
じわじわ	環境破壊が**じわじわ**進んでいる。（かんきょうはかい）	Environmental degradation is slowly getting worse. 环境破坏在逐渐恶化。 환경 파괴가 서서히 진행되고 있다.
断じて（だん）	そんなことを言った覚えは**断じて**ない。	I definitely don't remember saying that. 我绝对没有说过那种话。 그런 말을 한 기억은 결코 없다.

p.59の答え：Ⅰ－①**b**　②**a**　③**a**　④**b**　⑤**a**　⑥**b**　Ⅱ－⑦**3**　⑧**1**

まとめの問題

制限時間：20分
1問5点×20問
答えは p.64
正解文の読みと解説は別冊 p.7〜8

点数
／100

問題1　（　　　）に入れるのに最もよいものを、1・2・3・4から一つ選びなさい。

1 うそをついているのがばれるのではないかと、（　　　）した。

1　はらはら　　　2　おどおど　　　3　むかむか　　　4　うんざり

2 父は（　　　）医者に忠告されているにもかかわらず、酒をやめようとしない。

1　不意に　　　2　とっさに　　　3　片時も　　　4　再三

3 衝突事故を起こした車は、（　　　）つぶれていた。

1　さんざん　　　2　ぐちゃぐちゃに　　　3　はなはだ　　　4　ちょくちょく

4 荷物は、（　　　）そこに置いておいてください。

1　とりあえず　　　2　もっぱら　　　3　ことごとく　　　4　しょっちゅう

5 徹夜で作業して、（　　　）期限に間に合わせることができた。

1　もしかして　　　2　かろうじて　　　3　かえって　　　4　わざわざ

6 ブランド品と見れば何でも買う彼女には、（　　　）愛想が尽きた。

1　むかむか　　　2　ひたすら　　　3　やたらと　　　4　つくづく

7 赤ちゃんの肌は（　　　）している。

1　まるまる　　　2　ごしごし　　　3　つやつや　　　4　ぴんぴん

8 彼に注意しなくても、（　　　）その間違いに気が付くだろう。

1　案の定　　　2　いかにも　　　3　おのずと　　　4　あえて

9 そろそろ失礼します。（　　　）とおじゃましました。

1　点々　　　2　転々　　　3　着々　　　4　長々

10 最近、昼食は（　　　）隣のラーメン屋で済ませています。

1　ひたすら　　　2　もろに　　　3　ひょっとして　　　4　もっぱら

問題2　次の言葉の使い方として最もよいものを、1・2・3・4から一つ選びなさい。

11 到底

1　その計画は<u>到底</u>進展するでしょう。

2　そんな自分勝手な要求は、<u>到底</u>受け入れられません。

3　今日は<u>到底</u>暑くないですね。

4　タバコはここでは<u>到底</u>吸わないでください。

12 ぐっしょり

1　傘が無かったので、かばんの中まで<u>ぐっしょり</u>ぬれてしまった。

2　川の水が<u>ぐっしょり</u>流れている。

3　今日は一日中、雨が<u>ぐっしょり</u>降っていた。

4　湿気が多くて部屋が<u>ぐっしょり</u>している。

13 うんざり

1　その件に関しては、<u>うんざり</u>考えてからお返事いたします。

2　最近のテレビは同じような番組ばかりで、<u>うんざり</u>だ。

3　彼女は風邪で熱があるのか、力なく<u>うんざり</u>と寝ていた。

4　あなたの言うことは、<u>うんざり</u>わかりません。

14 ことごとく

1　新型ロケットの打ち上げは、<u>ことごとく</u>失敗してしまった。

2　私は、お酒では<u>ことごとく</u>ワインが好きです。

3　駅まで<u>ことごとく</u>走り続けて、電車に間に合った。

4　<u>ことごとく</u>できない問題を解いた。

15 とりわけ

1　料理の前に、<u>とりわけ</u>ビールを2本お願いします。

2　休みの日は、<u>とりわけ</u>家でごろごろしています。

3　遠いところを<u>とりわけ</u>お越しいただき、どうもありがとうございます。

4　私は、甘いものの中でも<u>とりわけ</u>ショートケーキが好きです。

16 花は何でも好きですが、特にバラが好きです。

　　　1　ことに　　　　　　2　もろに　　　　　　3　さぞ　　　　　　4　さも

17 あの先生の哲学の講義は、私にはまったく理解できなかった。

　　　1　あいにく　　　　　2　何より　　　　　　3　さほど　　　　　4　まるっきり

18 参加ご希望の方は、前もって申込書を提出しておいてください。

　　　1　いまさら　　　　　2　かつて　　　　　　3　あらかじめ　　　4　とっさに

19 彼は、たびたび遅刻します。

　　　1　いまだに　　　　　2　しょっちゅう　　　3　時折　　　　　　4　片時も

20 横柄（おうへい）な店員の態度に腹が立った。

　　　1　むかむかした　　　2　はらはらした　　　3　くよくよした　　　4　おどおどした

復習（p.60～61）の答え：
1日目　1.c 2.a　2日目　1.b 2.c　3日目　1.b 2.a
4日目　1.b 2.a　5日目　1.c 2.a　6日目　1.b 2.a

まとめの問題（p.62～64）の答え：
問題1　1 1　2 4　3 2　4 1　5 2　6 4　7 3　8 3　9 4　10 4
問題2　11 2　12 1　13 2　14 1　15 4
問題3　16 1　17 4　18 3　19 2　20 1

初級漢字の語彙を覚えよう

初級漢字の語彙を覚えよう

手分け・同い年・心地
てわけ　おないとし　ここち

「準備」という意味は
わかるけれど、これは難しい。
ぼくにはお手上げだ。
てあ

おぼえよう　「手・同・心・分」を使った言葉

手	手口 てぐち	犯行の**手口**	way of committing a crime 犯罪手法　범행의 수법
	手本 てほん	習字の**手本**	calligraphy examples to practice 习字的字帖　붓글씨 글씨본
	手軽（な） てがる	**手軽な**料理	quick and easy recipes 简单的饭菜　손쉬운 요리
	手近（な） てぢか	**手近な**材料で作る	cook with usual ingredients 用常见的材料做　가까이 있는 재료로 만들다
	手ごろ（な） て	**手ごろな**値段	affordable price 合适的价格　적합한 가격
	手引き てび	海外旅行の**手引き**	foreign guidebook 海外旅行的介绍　해외여행의 길잡이
	手元 てもと	それは、今、**手元**にない。	I do not have it at the moment. 那个，现在没在手头。　그것은 지금 수중에 없다.
	手分け（する） てわ	**手分け**して探す	spread out and search 分头去找　분담해서 찾다
	お手上げ てあ	こんなに景気が悪いと**お手上げ**だ。	I feel like giving up because the economy is so bad. 如果景气这么差，真是束手无策。 이렇게 경기가 나쁘면 속수무책이다.
	手中 しゅちゅう	勝利を**手中**にする	have victory in one's grasp 胜利在握　승리를 수중에 넣다
	先手 せんて	**先手**を打つ	forestall the enemy in the game 先发制人　선수를 치다
	右手（↔左手） みぎて　　ひだりて	**右手**の建物をごらんください。	Please take a look at the building on your right-hand side. 请看右手边的建筑物。　오른쪽의 건물을 보아 주세요.
	入手（する） にゅうしゅ	情報を**入手する**	obtain the information 获取信息　정보를 입수하다
	手はず て	**手はず**を**整える** 　　　ととの	make arrangements 做好安排　준비를 갖추다
	手がかり て	事件の**手がかり**	a clue for the case 事件的线索　사건의 실마리
同	同上 どうじょう	**同上**の理由により……	due to the same reasons as above 因同上理由…　상동의 이유에 의해…
		＊上に書いたことと同じという意味	
	同一 どういつ	**同一**にみる 同等看待　동일하게 보다	consider as the same　　**同一**人物　same person 　　　　　　　　　　　　同一人物　동일인물
	同意 どうい	**同意**を求める	seek agreement 征求同意　동의를 구하다
	同い年 おな　とし	彼と私は**同い年**だ。	I am the same age as he is. 他和我年龄相同。그와 나는 같은 나이다.　＊言い方に注意
	同期 どうき	彼は大学の**同期**生だ。	He's a college classmate. 他是我大学同一届的同学。　그는 대학 동기다.
	同調 どうちょう	彼の提案に**同調**する。	I concur with his suggestion. 我同意他的建议。　그의 제안에 동조한다.

心	心当たり こころあ	その件については、心当たりがない。 けん	I have no idea what the case is about. 关于这件事，我毫无头绪。　그 건에 대해서는 짐작이 안간다.	
	下心 したごころ	下心がある	have some secret intention 另有企图　속마음이 있다	
	野心 やしん	野心がある	have some ambition 有野心　야심이 있다	
	心地 ここち	住み心地がいい ごこち	be a comfortable place to live 住着舒服　사는 기분이 좋다	
	内心 ないしん	内心、穏やかではない おだ	be feeling uneasy 内心不平静　내심 평온하지는 않다	
	心中 しんちゅう	心中を察する	feel for ... 体察内心　심중을 알아채다	
	心中（する） しんじゅう	心中を図る	attempt suicide with his lover 企图自杀　동반 자살을 시도하다	
	心遣い こころづか	親切な心遣い	kind consideration 热心的关照　친절한 배려	
分	塩分 えんぶん	塩分を控える ひか	reduce one's salt intake 控制盐分　염분을 삼가하다	→水分　liquids すいぶん　水分 수분
	分別（する） ぶんべつ	ゴミの分別	sorting of garbage 垃圾分类　쓰레기분별	
	分別 ふんべつ	分別のある人	sensible person 有辨别力的人　분별이 있는 사람	
	分野 ぶんや	専門分野	area of specialty 专业领域　전문분야	

練習 Ⅰ 正しいほうに○を付けなさい。

① 息子もそのうち、物事の良し悪しの（a. 分別　b. 分野）がつくようになるだろう。
　　　　　　　　　　　　　　　　　　　　　ふんべつ　　ぶんや

② 田中さんの意見に全員が（a. 同上　b. 同意）した。
　たなか

③ 彼は平気な顔をしているが、（a. 内心　b. 心地）は穏やかではない。
　　　　　　　　　　　　　　　　　　　　　　　　　おだ

④ これは、オークションで（a. 手中　b. 入手）した中古の冷蔵庫です。

⑤ この掃除機は小さくて軽いので、（a. 手ごろ　b. 手軽）に持ち運べる。

⑥ このメールの差出人には（a. 心当たり　b. 手がかり）がありません。

練習 Ⅱ （　　）にはどれが入りますか。一つ選びなさい。

⑦ 家族で（　　　）して、家中の掃除をした。

　1　手引き　　　　　　2　手分け　　　　　　3　手上げ　　　　　4　手はず

⑧ 給料をもらっても、支払いが多くて、（　　　）にはいくらも残らない。

　1　手口　　　　　　　2　手近　　　　　　　3　手元　　　　　　4　手中

▶答えは p.69、正解文の読みは別冊 p.8

気長・下火・上の空
きなが　したび　うわ　そら

学習日　月　日（ ）

おぼえよう　「気・上・下・回・出」を使った言葉

気	水気 みずけ	水気（＝水分）を切る	remove the moisture 去除水分　물기를 없애다		
	人気 ひとけ	人気のない通り	a deserted street 没有行人的道路　인기척이 없는 길		
	寒気 さむけ	寒気がする	feel a chill 感觉发冷　한기가 난다		
	気心 きごころ	気心が知れる	be a close friend 了解脾气　서로 속속들이 알다		
	正気 しょうき	正気になる	regain consciousness 神志清醒　제정신이 되다		
	気合 きあい	気合を入れる	be fired up for 鼓足干劲儿　정신을 가다듬다		
	気長 きなが	気長に待つ	wait patiently 耐心等待　느긋이 기다리다		
上	上向く うわむ	景気が上向く	the economy is improving 景气回升　경기가 상향되다		
	上回る うわまわ	出生率が予想を上回る	the birth rate exceeds the expected rate　出生率超过了预测 출생률이 예상을 웃돌다	↔下回る したまわ	fall short 低于… 밑돌다
	上の空 うわ　そら	彼は上の空で、話を聞いていなかった。	He was absent-minded and was not listening at all. 他心不在焉，没有听completed谈话。　그는 건성으로 이야기를 듣지 않았다.		
	上書き（する） うわが	データを上書きして保存する ほぞん	save it over the old data 覆盖数据后保存　데이터를 덮어써서 보존하다		
下	下味 したあじ	塩こしょうで下味をつける	flavor it with salt and pepper before cooking 用盐和胡椒提前调味　소금후추로 밑간을 하다		
	下地 したじ	化粧の下地クリーム けしょう	makeup base cream 化妆打底的乳霜　화장의 베이스크림		
		彼は語学の下地がある。	He has a good grounding in the language. 他有学习语言的基础。　그는 어학의 소질이 있다.		
	下火 したび	インフルエンザの流行が下火になってきた。	The flu epidemic has calmed down. 流感势头减弱了。　인플랜자의 유행이 기세가 약해지다.		
回	回送（する） かいそう	バスが車庫に回送される	out-of-service bus returns to the depot　巴士被开回了车库 버스가 차고에 회송되다	回送列車	out-of-service train 开回车库的列车 회송열차
	回答（する） かいとう	アンケートに回答する	fill out the questionnaire 回答问卷调查 앙케이트에 회답하다	➡問題に解答する かいとう	answer the question 解答问题 문제에 답하다
	回り道（する） まわ　みち	回り道をする	make a detour 绕道　돌아서 가다		
	遠回り（する） とおまわ	工事のせいで、遠回りした。	I had to make a detour because of the road construction. 因施工而绕道。　공사 탓으로 돌아서 갔다.		
	後回し あとまわ	食事は後回しにしよう。	Let's put eating off until later. 吃饭往后推。　식사는 뒤로 미루자.		

出	出品（する） しゅっぴん	展覧会に出品する てんらんかい	send some works to the art exhibition 在展会上展出　전람회에 출품하다	
	家出（する） いえで	家出する	run away from home 离家出走　가출하다	
	出産（する） しゅっさん	出産する	give birth to a baby 分娩　출산하다	
	出生（する） しゅっせい／しゅっしょう	出生地	place of birth 出生地　출생지	
		出生率	birth rate 出生率　출생률	
	出題（する） しゅつだい	出題範囲 はんい	sections that will be tested 出题范围　출제범위	
	出動（する） しゅつどう	軍隊が出動する ぐんたい	dispatch the armed forces 军队出动　군대가 출동하다	
	出社（する） しゅっしゃ	出社する（＝出勤する） しゅっきん	go to the office 上班　출근하다	↔退社（する）　leave the office たいしゃ　下班、退職　퇴근하다
	出世（する） しゅっせ	彼は順調に出世した。	He rose in the company without much problem. 他顺利地出人头地了。　그는 순조롭게 출세했다.	

練習 I 正しいほうに○を付けなさい。

① 彼は面倒なことはいつも（a. 回り道　b. 後回し）にする。

② 彼の（a. 出生　b. 出産）地は、青森です。
　　　　　　　　　　　　　　　あおもり

③ 息子はゲームに熱中していて、話しかけても（a. 上の空　b. 遠回り）だ。

④ 火事が発生して、消防車が（a. 出動　b. 出勤）した。

⑤ しょうゆで（a. 下地　b. 下味）をつけておいたので、焼くだけですぐ食べられます。

⑥ （a. 水気　b. 人気）のない公園で火事が起こった。
　　　　　　　　　　　こうえん

練習 II （　　）にはどれが入りますか。一つ選びなさい。

⑦ 問い合わせに対する（　　　）がやっと届いた。
　　　　　　　　　　　　　　　　とど

　　1　回答　　　　　　　2　出題　　　　　　3　回送　　　　　　4　上書き

⑧ さあ、（　　　）を入れてがんばろう！

　　1　気心　　　　　　　2　気合　　　　　　3　気長　　　　　　4　正気

▶答えは p.71、正解文の読みは別冊 p. 8

p.67の答え：I－①a　②b　③a　④b　⑤b　⑥a　　II－⑦2　⑧3

目下・大家・万人
もっか　　たいか　　ばんにん

学習日　　月　　日（　）

おぼえよう　「目・明・家・人・進・先」を使った言葉

目	目方 めかた	目方（=重さ、体重）を量る おも　たいじゅう	weigh 称重量　무게를 재다（= 무게, 체중）
	目下 もっか	目下、失業中である。	I am currently unemployed. 目前正处于失业状态。　당장, 실업중이다.
		➡ 目下の人 めした	a subordinate 晩輩　손아래 사람
	切れ目 きれめ	肉に切れ目を入れる	score the meat 肉上面切上几刀　고기에 칼집을 넣다
		文章の切れ目（=区切り） くぎ	the end of a sentence 文章的段落　문장의 끊어진 곳
	目先 めさき	目先の利益を追う りえき	try to gain an immediate profit 追求眼前利益　눈앞의 이익을 좇다
	大目 おおめ	大目に見る	overlook 宽恕　관대하게 보다
明	明白（な） めいはく	明白な証拠 しょうこ	clear evidence 明显的证据　명백한 증거
	声明 せいめい	声明を発表する	make a statement 发表声明　성명을 발표하다
	夜明け よあ	夜明け（=明け方）まで仕事をする あ　がた	work until dawn 一直工作到天明　새벽까지 일을 하다
		宇宙時代の夜明け	dawn of the space era 宇宙时代的黎明　우주시대의 새벽
	文明 ぶんめい	古代文明	ancient civilization 古代文明　고대문명
	明かす あ	秘密を明かす ひみつ	confide a secret 揭露秘密　비밀을 밝히다
		一夜を明かす	stay up all night 过了一晚　하룻밤을 밝히다
家	家計 かけい	家計が苦しい	have trouble making ends meet financially 家庭收支困难　가계가 어렵다
	家業 かぎょう	家業を継ぐ つ	take over the family business 继承家业　가업을 잇다
	家主 やぬし	（=貸家の所有者　=大家） おおや	a landlord　房东　집주인（세집의 소유자）
		（=一家の主人）	the head of a family　一家之主　집주인（일가의 주인）
	家来 けらい	家来とその主人	a servant and his master 家臣和主人　가신과 그 주인
	大家 たいか	絵の大家	a master painter 绘画大家　그림의 대가
人	社会人 しゃかいじん	社会人になる	become a member of society 成为社会人　사회인이 되다
	万人 ばんにん	万人向けの製品	a product that appeals to most people 面向大众的制品　만인대상의 제품
	人目 ひとめ	人目につく	stand out 被人看见　타인의 눈에 띄다
	住人 じゅうにん	アパートの住人	resident of an apartment 公寓的住户　아파트의 주인

進	進行（する） しんこう	調査が順調に**進行**している。	There is progress in the investigation. 调查在顺利推进。　조사가 순조롭게 진행되고 있다.
	進出（する） しんしゅつ	海外に**進出する**	advance into foreign markets 向海外发展　해외에 진출하다
	進度 しんど	学習の**進度**	progress in one's studies 学习进度　학습의 진도
	行進（する） こうしん	大通りを**行進する**	march on the main street 在大马路上游行　큰길을 행진하다
先	先頭 せんとう	**先頭**に立つ	stand at the front of the line 站在前头　선두에 서다
	先行（する） せんこう	時代に**先行する**	be ahead of the times 走在时代的前列　시대에 선행하다
		先行発売	a pre-release sale 提前销售　선행발표
	先着 せんちゃく	**先着** 10 名様限り	only the first 10 people who arrive 仅限先到的 10 名　선착순 10 명에 한함
	先方 せんぽう	**先方**（＝相手）の意見を聞く	listen to the other party's opinion 听取对方的意见　상대방의 의견을 묻다

練習 I 正しいほうに○を付けなさい。

① 日本では、少子高齢化が（a. 行進　b. 進行）している。

② （a. 万人　b. 社会人）の共通の願いは、健康であることだ。
　　ばんにん　　　　　　　　　　　　　　　　　けんこう

③ 政府が緊急（a. 進出　b. 声明）を発表した。
　　　　きんきゅう

④ 車の中だと、（a. 人目　b. 大目）を気にせず大声で歌を歌える。

⑤ その件に関しては、（a. 目下　b. 目先）検討しているところです。
　　　　　　　　　　　　　　　　　　けんとう

⑥ 私が（a. 先方　b. 先頭）に立って改革を成しとげるつもりです。

練習 II （　　）にはどれが入りますか。一つ選びなさい。

⑦ 住宅ローンが我が家の（　　　）を圧迫している。
　　　　　　　　わ　や　　　　　　　　あっぱく

　　1　家業　　　　　　2　家計　　　　　　3　先方　　　　　4　住人

⑧ あの俳優は、実力より人気が（　　　）しているね。
　　　　はいゆう

　　1　先行　　　　　　2　先着　　　　　　3　進行　　　　　4　進出

▶答えは p.73、正解文の読みは別冊 p.8

p.69 の答え：I －①b　②a　③a　④a　⑤b　⑥b　　II －⑦1　⑧2

初級漢字の語彙を覚えよう

意図・終日・小売り
いと　しゅうじつ　こう

学習日　　月　日（　）

わからない…
日ごろ勉強をしてないからなあ…
試験の見通しは暗いかも…
みとお

おぼえよう　「意・見・着・日・体・自・売・間」を使った言葉

意	意向 いこう	先方の意向を聞く	listen to what the other party intends to do 听对方的意向　상대방의의향을 묻다		
	意思 いし	意思表示	an expression of one's intentions 表明想法　의사표시	➡意志が固い かた	strong-willed 意志坚定　의지가 굳다
	意地 いじ	意地を張る は	be stubborn 逞强　고집을 부리다	➡意地っ張り（N）いじ ば	stubborn person 固执　고집쟁이
	意図（する）いと	早期解散を意図する	plan to dissolve parliament earlier than expected 计划早起解散　조기해산을 의도하다		
		意図的に てき	intentionally 有意地　의도적으로		
見	見地 けんち	医学的見地から反対する	object from a medical view of point 从医学立场出发反对　의학적 견지에서 반대하다		
	会見（する）かいけん	記者会見	press conference 记者招待会　기자회견		
	見通し みとお	見通しの悪い道路	a street with poor visibility 看不清前方的道路　전망이 나쁜 도로		
		来年度の見通し	the forecast for next year 下年度的预测　내년도의 전망	➡見通す（V）みとお	
	見下す みくだ	人を見下す	look down on someone 小看人　사람을 내려다보다		
	見下ろす みお	ビルの屋上から見下ろす	look down from the top of a building 从楼顶往下看　빌딩의 옥상에서 내려다보다	＊読み方に注意	
	見合わせる みあ	顔を見合わせる	exchange glances 面面相觑　얼굴을 마주 보다		
		出発を見合わせる	postpone one's departure 推迟出发　출발을 늦추다		
着	着手（する）ちゃくしゅ	新しい事業に着手する	launch a new business 着手新的事业　새로운 사업에 착수하다		
	着色（する）ちゃくしょく	着色料を使用する	use coloring 使用染料　착색료를 사용하다		
	着目（する）ちゃくもく	子どもの個性に着目する	focus on a child's originality 着眼孩子的个性　아이의 개성에 착목하다		
	着工（する）ちゃっこう	新ビルは来月着工する。	The construction of the new building will start next month. 新楼下个月动工。　새로운 빌딩은 다음달에 착공한다.		
日	日中 にっちゅう	日中は家にいない。	No one is home during the day. 白天没人在家。　낮에는 집에 아무도 없다.		
	日夜 にちや	日夜（＝昼も夜も）勉強する	study day and night 日以继夜地学习力　주야 공부를 하다		
	日々 ひび	日々の暮らしに困る	struggle with everyday life 每日生活困顿　그날 그날의 생활이 곤란하다		
	日ごろ ひ	日ごろの行い	everyday conduct 平时的行为　평소의 행동		
	終日 しゅうじつ	終日（＝一日中）パソコンに向かう	work on the computer all day long 整天对着电脑　종일 컴퓨터를 마주보다		

体	物体 ぶったい	なぞの**物体**	a mysterious object 神秘物体　의문의 물체	
	立体 りったい	**立体**的な絵	a three-dimensional painting 立体画　입체적인 그림	↔**平面**的な へいめん
	正体 しょうたい	**正体**を現す	reveal one's true self 现原形　정체를 내보이다	
自	自立（する） じ りつ	女性の**自立**	women's independence 女性的自立　여성의 자립	
	自主 じ しゅ	**自主**的にトレーニングする（＝自主トレする） てき	train of one's own free will 自主训练　자주적으로 트레이닝을 하다	
	自首（する） じ しゅ	警察に**自首する**	turn oneself in to the police 向警察自首　경찰에 자수하다	
売	小売り（する） こ う	これは**小売り**で５千円だ。	This retails for five thousand yen. 这个零售５千元元。　이것은 소매로 5천엔이다.	
	前売り（する） まえ う	映画の**前売り**券を買う	book a movie ticket 买电影的预售票　영화의 예매권을 사다	
	売買（する） ばいばい	株を**売買する** かぶ	trade stocks 买卖股票　주식을 매매하다	
間	合間 あい ま	仕事の**合間**	free time (from one's work) 工作的余暇　일의 틈	
	空間 くうかん	狭い**空間**を利用する	use a small space 利用狭小的空间　좁은 공간을 이용하다	
	民間 みんかん	**民間**企 業 き ぎょう	a private enterprise 民间企业　민간기업	

練習 I 正しいほうに○を付けなさい。

① 嵐のため、電車のダイヤが（a. 日々　b. 終日）乱れた。
あらし

② これは、業者向けなので（a. 前売り　b. 小売り）はしません。

③ こうなったら（a. 意地　b. 意思）でも完成させてみせよう。

④ 仕事の（a. 空間　b. 合間）に、お気に入りのコーヒーショップに立ち寄った。

⑤ 大雪なので、外出するのを（a. 見合わせた　b. 見通した）。

⑥ 彼は、いまだに親から（a. 自主　b. 自立）できていない。

練習 II （　　）にはどれが入りますか。一つ選びなさい。

⑦ 湖で、（　　）不明の生物が目撃された。
もくげき

　　1　物体　　　　　　2　意図　　　　　　3　正体　　　　　　4　見通し

⑧ 警察は、その事件の捜査に（　　）した。

　　1　着工　　　　　　2　自主　　　　　　3　会見　　　　　　4　着手

▶答えは p.75、正解文の読みは別冊 p.8

p.71 の答え：I － ①**b**　②**a**　③**b**　④**a**　⑤**a**　⑥**b**　　II －⑦**2**　⑧**1**

初級漢字の語彙を覚えよう

世代・本場・作用
せだい・ほんば・さよう

おぼえよう　「産・不・特・代・場・事・主・生・用・所」を使った言葉

産	産地（さんち）	リンゴの産地	an apple producing area 苹果产地　사과의 산지		
	産出（する）（さんしゅつ）	石油産出国	a petroleum producing country 石油产出国　석유산출국		
	国産（こくさん）	国産車	a domestic car 国产车　국산차	国産品	a domestic product 国货　국산품
	生産（する）（せいさん）	大量に生産する	produce in large quantities 大量生产　대량으로 생산하다		
	名産（めいさん）	この地方の名産品	noted product of this district 这个地方的名产　이 지방의 명산품		
不	不正（な）（ふせい）	不正な取り引き	illegal dealing 不正当交易　부정한 거래		
	不通（ふつう）	音信不通	hearing nothing from someone 不通音信　소식불통		
	不明（ふめい）	行方不明	missing 去向不明　행방불명		
	不良（ふりょう）	不良少年	a delinquent boy 品行不端的少年　불량소년	不良品	inferior goods 次品　불량품
特	特色（とくしょく）	特色を出す	reveal the characteristics 打出特色　특색을 내다		
	特産（とくさん）	この地方の特産物（＝名産めいさん）	a special product from this district 这个地方的特产　이 지방의 특산물		
	特集（とくしゅう）	特集記事	a special feature article 专题报道　특집기사		
	特有（とくゆう）	この地方特有の習慣	customs peculiar to this district 这个地方特有的习惯　이 지방 특유의 습관		
代	世代（せだい）	世代交代	change of generations 世代交替　세대교대	三世代	three generations 三代　삼세대
	代理（だいり）	社長の代理をする	fill in for the president 代理社长　사장의 대리를 하다		
	代用（する）（だいよう）	クッションを枕（まくら）に代用する	substitute a cushion for a pillow 用靠垫代替枕头　쿠션을 베개로 대용하다		
場	本場（ほんば）	イタリア料理を本場で学ぶ	study Italian cooking at its origin 在当地学习意大利菜　이탈리아 요리를 본고장에서 배우다		
	市場（しじょう）	金融市場（きんゆう）	the financial market 金融市场　금융시장	→魚市場（うおいちば）	the fish market 鱼市　어시장
	立場（たちば）	苦しい立場	a difficult situation 困难的处境　괴로운 입장		
事	行事（ぎょうじ）	学校行事に参加する	attend school events 参加学校活动　학교행사에 참가하다		
	人事（じんじ）	人事課	the personnel section 人事科　인사과		
	事前（じぜん）	事前に調べる	examine beforehand 事先调查　사전에 조사하다		

主	主食 しゅしょく	主食と副食	staple foods and side dishes 主食和副食　주식과 부식		
	主体 しゅたい	女性が主体の職場	a company made up mainly of women 女性为主体的职场　여성이 주체인 직장		
	主題 しゅだい	映画の主題歌	the theme song of a movie 电影的主题歌　영화의 주제가	＝テーマ	
生	野生 や せい	野生動物	wild animals 野生动物　야생동물		
	生理 せい り	生理現象	a physiological phenomenon 生理现象　생리현상		
	生計 せいけい	生計を立てる	make a living 谋生　생계를 세우다		
	生かす い	経験を生かす	make use of one's experience 发挥经验　경험을 살리다		
用	作用（する） さ よう	化学作用	a chemical reaction 化学作用　화학작용	副作用	side effects 副作用 부작용
	用品 ようひん	スポーツ用品	sporting goods 体育用品 스포츠용품	学用品	stationery 学习用品 학용품
所	所有（する） しょゆう	この土地は私が所有している。	I own this land. 这土地归我所有。 이 토지는 내가 소유하고 있다.		
	長所 ちょうしょ	長所と短所	merits and demerits 长处和短处　장점과 단점		

練習 **I** 正しいほうに○を付けなさい。

① 本日の講演の（a. 主体　b. 主題）は、エコロジーです。

② その国は、世界有数の石油（a. 所有　b. 産出）国である。

③ 父の（a. 代用　b. 代理）で市役所に介護保険の申請に行った。
かい ご ほ けん　しんせい

④ 京都には、伝統的な年中（a. 行事　b. 人事）が多くあります。
でんとうてき

⑤ 彼とは大学を卒業して以来、（a. 音信　b. 通信）不通です。

⑥ 会社の繁栄のために、（a. 世代　b. 世間）交代は避けられないだろう。
はんえい　　　　　　　　　　　　　　　　　　　　　　さ

練習 **II** （　　）にはどれが入りますか。一つ選びなさい。

⑦ パイナップルは、ハワイの（　　　）物です。

　　1　特有　　　　　　2　特産　　　　　　3　産出　　　　　　4　特色

⑧ 薬の（　　　）で、髪の毛が抜けてしまった。

　　1　副作用　　　　　2　不良　　　　　　3　生理　　　　　　4　特色

▶答えは p.77、正解文の読みは別冊 p.8 〜 9

p.73の答え：I － ①b　②b　③a　④b　⑤a　⑥b　　II－⑦3　⑧4

新入り・本音・発足
しん　い　　　　ほん　ね　　　　ほっそく

学習日　月　日（　）

Q. 何と言う？
組織や団体などが
設立されて活動を
始めること。
（そしき）

おぼえよう　「国・新・土・業・音・発・風・春・台など」を使った言葉

国	国民 こくみん	国民の義務 （ぎ む）	citizen's obligation 国民的义务　국민의 의무		
	国家 こっか	国家試験	a state examination 国家考试　국가 시험		
	国会 こっかい	国会を解散する	dissolve the Diet 解散国会　국회를 해산하다		
	国有 こくゆう	国有財産	national property 国有财产　국유재산		
	母国 ぼ こく	母国に帰る	go back to one's home country 回到祖国　모국에 돌아가다		
	帰国 き こく	帰国子女	returnee (school child) 归国子女　귀국자녀		
	国土 こく ど	国土計画	national land planning 国土计划　국토계획		
新	新入り しん い	新入りの会員	new member 新参加的会员　신참회원		
	新入 しんにゅう	新入生	new student 新生　신입생	新入社員	new employee 新职员 신입사원
	新人 しんじん	新人歌手	new singer 新歌手　신인가수		
土	土台 ど だい	家の土台	the foundation of a house 房子的地基　집의 토대		
	土手 ど て	土手を歩く	walk on the river bank 沿着河堤走　둑을 걷다		
	土砂 ど しゃ	土砂崩れが起きる （くず）	a mudslide occurs 发生了塌方　산사태가 일어나다		
業	業者 ぎょうしゃ	旅行業者	travel agent 旅游行业　여행업자	輸出業者	exporter 出口行业　수출업자
	事業 じ ぎょう	事業を始める	start a business 开始事业　사업을 시작하다	社会事業	social work 社会事业　사회사업
	分業（する） ぶんぎょう	分業で仕事をする	divide the work 分工来工作　분업으로 일을 하다		
音	音色 ね いろ	澄んだ音色 （す）	a clear tone 清晰悦耳的音色　맑은 음색		
	本音 ほん ね	本音と建前	private intentions and public statements 真心话和场面话　본심과 명분		
発	発足（する） ほっそく （はっそく）	組織が発足する （そしき）	found an organization 组织成立　조직이 발족하다		
	自発 じ はつ	自発的に勉強する （てき）	study on one's own initiative 自发地学习　자발적으로 공부하다		
風	風習 ふうしゅう	昔の風習を守る	carry on practicing old customs 保持以前的风俗　옛날의 풍습을 지키다		
	風土 ふう ど	日本の風土	the Japanese climate 日本的风土　일본의 풍토		

春	青春 せいしゅん	青春時代	young days 青春时代 청춘시대
	思春期 ししゅんき	思春期の少年少女	teenagers 思春期的少男少女 사춘기의 소년소녀
台	台無し だいなし	雨で桜が台無しになる。 さくら	The rain spoils the cherry blossoms. 因下雨，櫻花被糟蹋了。 비로 벚꽃이 망가졌다.
	台本 だいほん	台本を読む	read the script 读剧本 대본을 읽다
その他	強行（する） きょうこう	増税を強行する	enforce a tax increase 强行增税 증세를 강행하다
	正味 しょうみ	正味8時間働く	work a full eight hours 实际工作8小时 실제 8시간 일한다
	有力（な） ゆうりょく	有力な政党	a powerful political party 有实力的政党 유력한 정당
	早急（な） そうきゅう （さっきゅう）	早急に解決する	be settled immediately 火速解决 빨리 해결하다
	思考 しこう	思考力が低下する	one's ability to think decreases 思考能力低下 사고력이 저하하다
	口頭 こうとう	口頭で報告する	make an oral report 口头报告 구두로 보고하다

練習 I 正しいほうに○を付けなさい。

① 次期社長は田中専務だろうという意見が（a. 正味　b. 有力）だ。

② 川の（a. 土手　b. 土台）に沿って道路がある。
　　　　　　　　　　　　そ

③ 酒の席で、つい（a. 本音　b. 音色）を打ち明けてしまった。

④ 今年度の（a. 国有　b. 国家）予算は、前年を上回った。

⑤ 新しいプロジェクトを（a. 発足　b. 自発）させた。

⑥ 2週間で10ヵ所も回るという無理なスケジュールを（a. 強行　b. 早急）した。

練習 II （　　）にはどれが入りますか。一つ選びなさい。

⑦ その銀行は、一時（　　　）された。

　1　所有化　　　　　2　国有化　　　　　3　母国化　　　　　4　国家化

⑧ その家は、崖が崩れて大量の（　　　）に埋まった。
　　　　　　がけ　くず

　1　土砂　　　　　　2　土台　　　　　　3　土手　　　　　　4　台本

▶答えは p.79、正解文の読みは別冊 p.9

p.75の答え：I－①b　②b　③b　④a　⑤a　⑥a　　　II－⑦2　⑧1

復習＋もっと

Q．説明に最も合う言葉を、a・b・c　から一つ選びなさい。（答えは p.82）

1日目　▶p.66,67

1．心の奥深くで思っていること、あまりいい意味には使わない
　a　心中　　　　　　b　下心　　　　　　c　内心
　　しんちゅう　　　　　したごころ　　　　　　ないしん

2．解決する手段がまったくなく、どうにもならないこと
　a　お手上げ　　　b　手がかり　　　c　手はず

2日目　▶p.68,69

1．社会的に高い身分や地位を得る
　a　出家する　　　b　出社する　　　c　出世する

2．他の事に心が奪われて、その事に注意が向かない状態のこと
　a　上の空　　　　b　上向き　　　　c　下火
　　うわ　　　　　　うわ　　　　　　　　したび

3日目　▶p.70,71

1．一定の事項についての意見や意思を世間に対して発表すること
　a　出生　　　　　b　先行　　　　　c　声明

2．新しい方面や分野に出て、活動領域を広げる
　a　行進する　　　b　進出する　　　c　進行する

4日目

1. 事情を考えて、実行をやめて様子を見る

   a 見通す　　　　b 見合わせる　　　c 見下す

2. 世間一般の人々で、公の機関に属さない人

   a 公務員　　　b 国民　　　　c 民間人

5日目

1. ある物事が本式に行われている場所。また盛んに行われている所

   a 本場　　　　　b 生産地　　　c 名産地

2. 生きてゆくために必要で、すべての人の体に起きる現象のこと

   a 野生現象　　　b 生理現象　　　c 特有現象　　　　〈注〉正解以外の言葉は存在しません。

6日目

1. その土地や環境における地理的な特徴や性質のこと

   a 風土　　　b 国土　　　c 風習

2. 若く元気な時代で、主に青年時代を指す言葉

   a 世代　　　b 青春　　　c 新人

もっと覚えよう　＊初級漢字で書く難しい言葉＊

合意（ごうい）	agreement 达成协议 합의	合体（がったい）	union 合为一体 합체
文言（もんごん）	wording 词句 문구	小言（こごと）	nagging 责备、牢骚 꾸중
見聞（けんぶん）	information 见闻 견문	見事（みごと）	impressive 卓越、精彩 훌륭함
名声（めいせい）	reputation 名声 명성	名字（みょうじ）	last name 姓 성(姓)
日当（にっとう）	daily allowance 日津贴、日薪 일당	日向（ひなた）	in the sun 向阳处 양지
大半（たいはん）	mostly 大部分 대부분	大手（おおて）	major company 大企业、大公司 대기업

---

p.77 の答え：Ⅰ－①b　②a　③a　④b　⑤a　⑥a　Ⅱ－⑦2　⑧1

初級漢字の語彙を覚えよう

月　日（　）

制限時間：20分
1問5点×20問
答えは p.82
正解文の読みと解説は別冊 p.9

点数
／100

まとめの問題

問題1　（　　　）に入れるのに最もよいものを、1・2・3・4から一つ選びなさい。

1 このバッグは、財布を入れるのに（　　　）な大きさだ。

 1　心地 2　人気 3　手近 4　手ごろ

2 その会社は、この春、海外に（　　　）するらしい。

 1　自立 2　先着 3　先行 4　進出

3 彼は、（　　　）があって、大金持ちの彼女にアプローチした。

 1　心づかい 2　気心 3　内心 4　下心

4 警察は、犯人逮捕の（　　　）をつかんだようだ。

 1　心当たり 2　手がかり 3　手はず 4　見通し

5 彼は、親に言われたのではなく、（　　　）的に留学したいと言った。

 1　意地 2　意思 3　自発 4　自首

6 この病気（　　　）の症状は、下痢と吐き気です。

 1　特色 2　特有 3　主体 4　作用

7 長野県の（　　　）はりんごです。

 1　産地 2　産出 3　主食 4　名産

8 今度の展覧会には、この絵を（　　　）しよう。

 1　出品 2　代理 3　出生 4　用品

9 リストラされた彼は、今はコンビニのバイトで（　　　）を立てている。

 1　主体 2　生産 3　自立 4　生計

10 この地方では、正月に川で泳ぐという（　　　）がある。

 1　風習 2　意図 3　野心 4　特産

問題2　次の言葉の使い方として最もよいものを、1・2・3・4から一つ選びなさい。

11 下火

1　私は彼に好きだと言いたいが、下火がないのでなかなか言えない。

2　気持ちが下火になったので、落ち着いて試験を受けることができた。

3　貯金の額が下火になったので、不安になってきた。

4　ペットブームが最近下火になってきた。

12 台無し

1　味付けを間違えてしまい、せっかくのシチューが台無しになってしまった。

2　先日買った DVD プレーヤーは台無しの不良品だった。

3　俳優たちの演技のおかげで、監督は台無しにならなかった。

4　一生懸命勉強した結果が台無しで困った。

13 生かす

1　節約をするのは、生活を生かした方法だ。

2　自分の意見を生かしたので、みんなに嫌われてしまった。

3　この経験を生かして、今後の仕事に役立ててください。

4　事業を生かしたから、彼が首になるはずはない。

14 目方

1　彼の目方が不明なので、連絡することはできない。

2　人気歌手が人の目方を避けて裏口から帰っていった。

3　今後の政局がどうなるか、目方が付かない状況だ。

4　容器は商品の目方に含まれていません。

15 小売り

1　これは原価は安いのに、小売り価格があまりに高い。

2　コンサートの小売り券を購入した。

3　無理な小売りで、もうけがなくなった。

4　新築の小売り住宅を購入した。

　　＿＿＿の言葉に意味が最も近いものを、１・２・３・４から一つ選びなさい。

16 彼は、ある現象に<u>注意を向けて</u>、新しい発見をした。

　　　1　着目して　　　　　2　着手して　　　　　3　見合わせて　　　　4　会見して

17 彼が来たら、すぐ出発できる<u>準備</u>は整っている。

　　　1　手はず　　　　　　2　手引き　　　　　　3　先手　　　　　　　4　手がかり

18 事故の影響で、バスのダイヤは<u>一日中</u>乱れた。

　　　1　日々　　　　　　　2　日中　　　　　　　3　終日　　　　　　　4　日夜

19 その場のもうけに<u>目がくらんで</u>株を売ってしまい、後でたいへん後悔した。

　　　1　人目　　　　　　　2　目先　　　　　　　3　目下　　　　　　　4　事前

20 学問でもスポーツでも<u>基礎</u>が大事だ。

　　　1　主体　　　　　　　2　本場　　　　　　　3　本音　　　　　　　4　土台

復習（p.78〜79）の答え：
1日目　1. b　2. a　　2日目　1. c　2. a　　3日目　1. c　2. b
4日目　1. b　2. c　　5日目　1. a　2. b　　6日目　1. a　2. b

まとめの問題（p.80〜82）の答え：
問題1　①4　②4　③4　④2　⑤3　⑥2　⑦4　⑧1　⑨4　⑩1
問題2　⑪4　⑫1　⑬3　⑭4　⑮1
問題3　⑯1　⑰1　⑱3　⑲2　⑳4

中級漢字の語彙を覚えよう

中級漢字の語彙を覚えよう

身近・日取り・前置き
みぢか　　　ひ　と　　まえ　お

Q.（　）に入るのは？
（　　　　）だけで
葬式※を済ませた。
そうしき

※葬式 a funeral　葬礼　장례식

おぼえよう　「当・身・取・根・向・前」を使った言葉

当	当日 とうじつ	試験の当日	the very day of the exam 考试当天　시험당일	
	当番 とうばん	掃除当番	one's turn for cleaning 卫生值日　청소당번	
	当人 とうにん	当人に確認する	check with the very person 向本人确认　당사자에게 확인하다	
	当選（する） とうせん	選挙で当選する せんきょ	be elected in a public election 选举中当选　선거에 당선하다	⇔落選（する） らくせん
	見当 けんとう	見当をつける	guess　预计　짐작을 하다	
	正当（な） せいとう	正当な理由	a proper reason 正当理由　정당한 이유	➡正当化　justification せいとうか　正当化　정당화
身	身の上 み　　うえ	身の上相談	consultation about one's personal affairs 商量个人问题　신상상담	
	身の回り み　　まわ	身の回りのもの	one's personal belongings 日常用品　주변의 것	
	身軽（な） み　がる	身軽な格好	lightweight clothing 轻便的打扮　가벼운 차림	
	身動き み　うご	身動きが取れない	can't move 动弹不得　몸을 움직일 수가 없다	
	身内 み　うち	身内だけで祝う	have a family celebration 只和亲人一起庆祝　집안 사람만으로 축하하다	
	身近（な） み　ぢか	身近な出来事	common event 身边的事情　자기와 관계가 깊은 일	
	身元 み　もと	身元保証人 ほしょうにん	guarantor 身份保证人　신원 보증인	身元不明　being unidentified (of a person) ふめい　来历不明　신원불명
	身分 み　ぶん	身分が高い人	person with a high social rank 身份高的人　신분이 높은 분	
	生身 なまみ	生身の体	a living being 活着的肉体　살아 있는 몸	
	単身 たんしん	単身赴任 ふにん	relocating to a new post and live apart from one's family 单身赴任　단신부임	
取	取り分 と　　ぶん	自分の取り分を主張する しゅちょう	claim one's share 主张自己应得的份额　자신이 차지할 몫을 주장하다	
	下取り（する） した　ど	車を下取りしてもらう	trade one's old car in 用汽车以旧换新　차를 팔다（새차를 파는 조건으로 헌차를 사다）	
	手取り て　ど	給料の手取り額	take-home pay 工资净收入　급료의 실수령액	
	日取り ひ　ど	結婚式の日取りを決める	set a date for a wedding 决定婚礼的日期　결혼식의 날짜를 정하다	
	取材（する） しゅざい	事件を取材する	gather information for an article at the scene 采访事件　사건을 취재하다	
根	根気 こん　き	根気がいる仕事	job which requires perseverance 需要耐心的工作　끈기가 필요한 일	
	根本的（な） こんぽんてき	根本的な誤り	a fundamental mistake 根本性错误　근본적인 잘못	
	根回し（する） ね　まわ	関係者に根回しする	quietly solicit support for one's plan 提前和相关人员沟通　관계자에게 사전공작을 하다	

向	出向く （て む）	現場に出向く	go to the site 前去现场　현장으로 향하다	
	前向き（な） （まえ む）	前向きに考える	think positively 积极地考虑　긍정적으로 생각하다	
	表向き （おもて む）	表向きの理由	an official reason 表面理由　표면상의 이유	
	向上（する） （こうじょう）	学力が向上する	academic skill improve 学力提升　학력이 향상하다	↔低下（する） （ていか）
前	前置き（する） （まえ お）	前置きが長い	the introduction is long 开场白冗长　서론이 길다	
	前借り（する） （まえ が）	給料を前借りする	get an advance against one's next month's salary 预支工资　급료를 가불하다	↔前貸し（する） （まえ が）
	前払い（する） （まえばら）	料金を前払いする	pay a fee in advance 预付工资　요금을 선불로 주다	↔後払い（する） （あとばら）
	前科 （ぜん か）	前科のある人	person with a criminal record 有前科的人　전과가 있는 사람	
	前途 （ぜん と）	前途ある青年	a promising youth 有前途的青年　전도유망한 청년	
	前提 （ぜんてい）	結婚を前提として つき合う	in a serious relationship 以结婚为前提进行交往　결혼을 전제로 사귀다	

練習 **Ⅰ** 正しいほうに○を付けなさい。

① 彼は、（a. 前借り　b. 前科）があるので、就職は難しいだろう。

② （a. 正当　b. 根本的）な理由がなく、この建物に入ることは禁止します。

③ 公園で（a. 身元　b. 生身）のわからない遺体が見つかった。

④ 大地震が来るというので、とりあえず（a. 身の回り　b. 身の上）のものだけを持って避難所に行った。

⑤ 彼は（a. 表向き　b. 前向き）は普通の会社員だが、実は刑事です。

⑥ 古い車を（a. 手取り　b. 下取り）に出して新車を買いました。

練習 **Ⅱ** （　　）にはどれが入りますか。一つ選びなさい。

⑦ 新人タレントを売り出すためには、いろいろな（　　　）が必要だ。

　　1　前置き　　　　　2　身動き　　　　　3　見当　　　　　4　根回し

⑧ あなたの給料は、税金を差し引いて、（　　　）でこの金額になります。

　　1　日取り　　　　　2　手取り　　　　　3　下取り　　　　　4　前払い

▶答えは p.87、正解文の読みは別冊 p.10

85

中級漢字の語彙を覚えよう

和む・指図・公
なご・さしず・おおやけ

学習日　　月　日（　）

おぼえよう　「和・実・公・連・図・告・記」を使った言葉

和	和風 わふう	和風建築	Japanese architecture 日本式建築　일본풍 건축	↔	洋風 ようふう	Western style/manner 洋式 서양풍
	和式 わしき	和式トイレ	Japanese style toilet 日式厕所　일본식 화장실	↔	洋式 ようしき	Western style 洋式 서양식
	温和（な） おんわ	温和な気候	a mild climate 温和的气候　온화한 기후		温和な人	a gentle person 温和的人 온화한 사람
	調和（する） ちょうわ	よく調和する	be well-matched 非常协调　잘 조화한다			
	和む なご	心が和む	be heartwarming 心情平和　마음이 누그러지다			
実	実態 じったい	実態を調査する	investigate an actual situation 调查实情　실태를 조사하다			
	実業 じつぎょう	実業家	a business person, an industrialist　实业家　실업가			
	誠実（な） せいじつ	誠実な人	a sincere person　诚实的人　성실한 사람			
	真実 しんじつ	真実を語る	reveal the truth　说实情　진실을 말하다			
	口実 こうじつ	下手な口実	a poor excuse　拙劣的借口　서툰 핑계			
	切実 せつじつ	切実な悩み	a serious problem　迫切的烦恼　심각한 고민			
	実入り みい	実入りのいい商売	a profitable business　收入好的买卖　수입이 좋은 장사			
公	公正（な） こうせい	公正な取り引き	fair deals　公正的交易　공정한 거래			
	公平（な） こうへい	公平に分ける	share ... evenly 公平分配　공평하게 나누다			
	公立 こうりつ	公立の学校	a school run by the public authorities 公立学校　공립학교	↔	私立 しりつ	being privately run 私立　사립
	公用 こうよう	公用語	an official language 官方语言　공용어		公用車 しゃ	an official car 公车　공용차
	公私 こうし	公私混同する	mix private and official matters 公私混淆　공사혼동하다			
	主人公 しゅじんこう	物語の主人公	the main character in the story 故事的主人公　이야기의 주인공			
	公 おおやけ	事件が公になる	make the crime public 事件公开　사건이 공개적으로 되다		公の発表 はっぴょう	an official announcement 官方发表　공개적 발표
連	連休 れんきゅう	３日間の連休／３連休	a three-day holiday 三天连休　3일간의 연휴			
	連帯 れんたい	連帯責任	collective responsibility 连带责任　연대책임			
	連なる つら	渋滞で車が連なっている。	Cars line up because of a traffic jam. 因堵车汽车连成一串。　정체로 차가 이어져있다.			
	連ねる つら	リストに名前を連ねる	be on a name list 在名单上排列名字　리스트에 이름을 같이하다			

図	図案 （ず あん）	図案を 描く （えが／か）	draw a design 描绘图案　도안을 그리다		
	指図（する） （さし ず）	あれこれ指図する	give various directions 作出各种指示　이것 저것 지시하다		
	合図 （あい ず）	合図を送る	send a signal 发出暗号、递眼色　신호를 보내다		
告	告知（する） （こく ち）	ガンの告知をする	notify a patient that he/she has cancer 告知患了癌症　암의 통지를 하다		
	告白（する） （こく はく）	罪を告白する	confess a sin　坦白罪行　죄를 고백하다		
	予告（する） （よ こく）	映画の予告	a movie trailer　电影预告　영화의 예고		
	告げる （つ）	名前を告げる	provide one's name 告诉姓名　이름을 고하다		
記	手記 （しゅ き）	体験を手記にまとめる	write about one's experiences in a book 把体验总结在手记上　체험을 수기로 정리하다		
	伝記 （でん き）	伝記を読む	read a biography 阅读传记　전기를 읽다		
	記す （しる）	名前を記す	write one's name 写下姓名　이름을 적다	心に記す	bear it in mind 记在心里　마음에 새기다

練習Ⅰ　正しいほうに○を付けなさい。

① 小さい輪がいくつも（a. 連ねた　b. 連なった）ネックレス。

② 犯人の（a. 予告　b. 口実）どおり、犯行が行われてしまった。

③ もらった報酬を全員で（a. 公平に　b. 連帯で）分けた。
（ほうしゅう）　　　　　　　（こうへい）

④ その店員は（a. 誠実に　b. 真実に）対応をしてくれた。
（せいじつ）　　　（たいおう）

⑤ 彼は、母親に万引きをしてしまったことを（a. 告白　b. 告知）した。

⑥ 我々は、自然と（a. 温和　b. 調和）のとれた街づくりを目指している。
（われわれ）　　　　　　　　　　　　　（まち）

練習Ⅱ　（　　）にはどれが入りますか。一つ選びなさい。

⑦ その俳優が実は結婚しているということが、先日、（　　）になった。
（はいゆう）　　　　　　　　　　　　　　　（せんじつ）

　　1　口実　　　　　　2　公　　　　　　3　告白　　　　　4　公用
　　　　　　　　　　　　（おおやけ）　　　　　　　　　　　　（こうよう）

⑧ 彼は、入院中に書いた（　　）をまとめて出版した。

　　1　手記　　　　　　2　告知　　　　　　3　伝記　　　　　4　指図

▶答えは p.89、正解文の読みは別冊 p.10

p.85の答え：Ⅰ－①b　②a　③a　④a　⑤a　⑥b　　Ⅱ－⑦4　⑧2

中級漢字の語彙を覚えよう

砂利・間柄・説得
じゃり　あいだがら　せっとく

みんな、難しい言葉、
よく知っているね。
これじゃ、みんなと
点差が開くばかりだ。
てんさ

おぼえよう　「利・有・現・説・差・仕・柄・訳」を使った言葉

利	利子／利息 りし／りそく	銀行の利子	bank interest 银行利息　은행의 이자
	利点 りてん	A案には多くの利点がある。 あん	Plan A has a lot of merits. A方案有许多优点。　A안에는 많은 이점이 있다.
	砂利 じゃり	砂利道	a gravel road　砂石路　자갈길
	左利き ひだりきき	左利き	left-handedness　左撇子　왼손잡이　↔ 右利き みぎきき
有	有望（な） ゆうぼう	有望な研究者	a promising researcher 前途有望的研究者　유망한 연구자
	有益（な） ゆうえき	有益な本	a useful book 有益的书　유익한 책　↔ 無益（な）むえき
		休暇を有益に使う きゅうか	make good use of a holiday 有效利用休假　휴가를 유익하게 쓰다
		寄付金の有益な使い道	beneficial use of donations 捐款的有益用途　기부금의 유익한 사용법
	有力（な） ゆうりょく	地域の有力者 しゃ	an influential person in the area 地域的有权势者　지역의 유력자
	私有 しゆう	私有財産	private property 私有财产　사유재산　私有地 ち a private land　私有土地　사유지
	有する ゆう	権利を有する	hold the rights to ... 拥有权力　권리를 가지다
現	現行 げんこう	現行犯	a criminal taken in an act of crime 现行犯　현행범
	現場 げんば	工事現場	a construction site 施工现场　공사현장
	現地 げんち	現地に向かう	go to the actual location 去现场　현지로 향하다
	出現（する） しゅつげん	UFOが出現する	UFO appears 出现 UFO　UFO가 출현하다
	再現（する） さいげん	事故の状況を再現する じこ	reenact the accident 再现事故情况　사고 상황을 재현하다
説	説得（する） せっとく	親を説得する	persuade parents 说服父母　부모를 설득하다
	伝説 でんせつ	伝説上の人物	a legendary figure 传说中的人物　전설상의 인물
	説く と	教えを説く	preach　说教　가르침을 설명하다
差	日差し ひざ	日差しが強い	the sun is strong 日照强　햇빛이 강하다
	時差 じさ	時差がある	there's a time difference 有时差　시차가 있다　時差ぼけ jet lag　时差没倒过来　시차로 리듬이 이상하게 됨
	点差 てんさ	点差が開く	the lead is widens 拉开了分数差距　점수차가 있다　5 点差 a 5-point difference in the score　5分的差距　5 점차
	指差す ゆびさ	家のほうを指差す	point in the direction of the house 用手指着家的方向　집의 방향을 손가락으로 가리키다

仕	仕上げる しあ	作品を仕上げる	finish a piece of art 完成作品　作品を完成시키다	➡仕上げ (N) しあ	a finish 完成　완성
	仕入れる しい	商品を仕入れる	stock goods 进货　상품을 사들이다	➡仕入れ (N) しい	stocking 采购　구입
	仕切る しき	部屋を仕切る	subdivide a room 把房间隔开　방을 칸막이로 구분하다	宴会を仕切る えんかい	control a party　负责安排宴会 연회를 맡아서 처리하다
	仕組み しく	世の中の仕組み	social system 社会的构造　세상의 구조		
	仕える つか	神に仕える かみ	serve God 服侍神灵　신을 섬기다		
柄	間柄 あいだがら	親密な間柄 しんみつ	very close relationship 亲密的关系　친밀한 관계		
	事柄 ことがら	重要な事柄	a very important matter 重要的事情　중요한 사항		
	人柄 ひとがら	立派な人柄 りっぱ	a wonderful person 高尚的人品　훌륭한 인품		
訳	直訳 (する) ちょくやく	文章を直訳する	do a literal translation of the sentence 直译文章　문장을 직역하다	↔意訳 いやく	free translation 意译　의역
	内訳 うちわけ	請求書の内訳 せいきゅうしょ	an itemized bill 账单明细　청구서의 내역		
	言い訳 (する) いわけ	遅刻の言い訳をする	give an excuse for being late 辩解迟到的理由　지각의 변명을 하다		

練習 **I** 正しいほうに○を付けなさい。

① 会議で新しい製品の必要性を（a. つかえた　b. といた）。
　かいぎ

② これは、本物を忠実に（a. 出現　b. 再現）した模型です。
　　　　　　　　ちゅうじつ　　　　　　　　　　　　もけい

③ 親に（a. 言い訳　b. 説得）されて、進学をあきらめた。
　　　　いわけ

④ 魚市場で新鮮な魚介類を（a. 仕入れた　b. 仕上げた）。
　　　　　しんせん

⑤ 彼は、まじめで（a. 間柄　b. 人柄）の良い人物です。
　　　　　　　　　　あいだがら　　ひとがら

⑥ 定期預金に少しだけ（a. 利子　b. 有益）がついた。
　　　　　　　　　　　　　　　　ゆうえき

練習 **II** （　　）にはどれが入りますか。一つ選びなさい。

⑦ 彼は、失敗するといつも見苦しい（　　　）ばかりする。

　1　説得　　　　　　　2　言い訳　　　　　　3　内訳　　　　　　4　事柄
　　　　　　　　　　　　　　いわけ　　　　　　　　うちわけ　　　　　　ことがら

⑧ 最近は、情報という文字を（　　　）学部が多い。

　1　有する　　　　　　2　仕切る　　　　　　3　直訳する　　　　4　指差す
　　　　　　　　　　　　　　　　　　　　　　　　ちょくやく

▶答えは p.91、正解文の読みは別冊 p.10

p.87の答え：I－①b　②a　③a　④a　⑤a　⑥b　　II－⑦2　⑧1

試す・営む・損なう
（ためす・いとなむ・そこなう）

おぼえよう　動詞①（どうし）

○す	志す（こころざ）	学者を志す	aspire to be a scholar 立志当学者　학자를 지망하다
	試す（ため）	新商品を試す	try out a new product 试用新商品　신상품을 시험하여 보다
	犯す（おか）	罪を犯す	commit a crime 犯罪　죄를 범하다
	乱す（みだ）	秩序を乱す（ちつじょ）	not follow convention 扰乱秩序　질서를 혼란시키다 ➡ (〜が)乱れる（みだ）
	満たす（み）	容器に水を満たす	fill up a container with water 容器里装满水　용기에 물을 채우다 ／ 要求を満たす　fulfill someone's request 满足要求　요구를 들어주다
	果たす（は）	目的を果たす	achieve the purpose 实现目的　목적을 이루다
	抜かす（ぬ）	1行抜かして読む	skip a line while reading 略过1行阅读　1줄 빼고서 읽다
	負かす（ま）	敵を負かす（てき）	defeat the opponent/enemy 打败敌人　적을 지게 하다
	悩ます（なや）	騒音に悩まされる（そうおん）	be disturbed by a noise 苦恼于噪音　소음으로 고민하다
	慣らす（な）	耳を慣らす	train one's ear (多听) 使耳朵习惯　귀에 익숙하게 하다
	荒らす（あ）	イノシシが作物を荒らす	wild boars damage the crops 野猪把农作物糟蹋了　멧돼지가 작물을 엉망으로 만들어 놓다
	費やす（つい）	エネルギーを費やす	spend energy　消耗能量　에너지를 소비하다
○る	練る（ね）	計画を練る	work on a plan 推敲计划　계획을 짜다
	鈍る（にぶ）	勘が鈍る（かん）	lose one's touch 感觉迟钝　감이 둔해지다 ↔ さえる　clear-headed 敏锐、清澈　맑아지다
	勝る（まさ）	これに勝る喜びはない。	Nothing is more joyful than this. 没有比这更高兴的了。이것보다 나은 기쁨은 없다.
	操る（あやつ）	機械を上手に操る	handle the machine well 熟练操作机械　기계를 능숙하게 다루다
	群がる（むら）	アリが砂糖に群がる。（さとう）	Ants gather to feed on sugar. 砂糖那聚了一堆蚂蚁。개미가 설탕에 모이다.
	備わる（そな）	才能が備わっている	have a talent for 拥有才能　재능이 갖추어져 있다
	改まる（あらた）	規則が改まる	regulations are updated 规则革新　규칙이 새로워지다 ／ 改まった場所　a formal place 正式场所　격식을 차리는 장소
○む	病む（や）	肺を病む（はい）	suffer from a lung disease 肺部患病　폐를 앓다 ／ ❗気に病む　worry about 介意　걱정하다
	富む（と）	天然資源に富む（てんねん しげん）	have rich natural resources 富有天然资源　천연자원이 풍부하다
	恵む（めぐ）	食べ物を恵む	give food 施舍食物　먹을 것을 베풀다 ➡ 恵み(N)（めぐ）　blessing 恩惠　은총
	営む（いとな）	日常生活を営む	live in the usual way 操持日常生活　일상생활을 영위하다 ／ 旅館を営む　run a Japanese inn 经营旅馆　여관을 경영하다
	危ぶむ（あや）	会議の開催が危ぶまれる（かいぎ かいさい）	be anxious about the opening of the conference 担心会议的召开　회의 개최가 위태로워지다

負う お	責任を**負う**	be responsible 承担责任　책임을 지다	やけどを**負う**　お　get burnt 被烧伤了　화상을 입다
沿う そ	川に**沿って**進む	move along the river 沿着河流向前走　강에 따라서 나아가다	
損なう そこ	健康を**損なう** けんこう	ruin one's health 有损健康　건강을 잃다	
似通う に かよ	**似通った**考え	a similar idea 相似的想法　닮은 생각	
恥じらう は	下を向いて**恥じらう**	lower one's eyes due to shyness 低着头害羞　아래를 보며 부끄러워하다	
保つ たも	部屋を清潔に**保つ** へや　せいけつ	keep a room very clean 保持房间清洁　방을 청결하게 유지하다	
放つ はな	ホームランを**放つ**	hit a home run 击出全垒打　홈런을 치다	
経つ た	時が**経つ**	time passes 时间流逝　시간이 지나다	
断つ た	酒を**断つ**	give up drinking 戒酒　술을 끊다	
絶つ た	消息を**絶つ**	vanish 了无音讯　소식을 끊다	

練習 Ⅰ 正しいほうに○を付けなさい。

① 彼女は、歌手を（a. 志して　b. 試して）上京した。
　　　　　　　こころざ

② 年を取っても、彼の腕は（a. 鈍って　b. 乱して）いない。

③ 健康を（a. 損なわない　b. 病まない）ように注意してください。
　けんこう

④ この失敗については、彼が全責任を（a. 保つ　b. 負う）そうだ。
　　　　　　　　　　　　　　　　　　　　たも　　　　お

⑤ 我が社の製品は、すべて安全基準を（a. 果たして　b. 満たして）います。
　わ　　　　　　　　　　あんぜん き じゅん

⑥ この子には芸術の才能が（a. 備わっている　b. 恵んでいる）。
　　　　　　さいのう　　　　　そな　　　　　　　めぐ

練習 Ⅱ（　　　）にはどれが入りますか。一つ選びなさい。

⑦ リサイクルして物を作るのには、実はかなりのエネルギーを（　　　）らしい。

　1　慣らす　　　　　　2　費やす　　　　　　3　荒らす　　　　　　4　操る
　　　　　　　　　　　　　　　　　　　　　　　　　　　　　　　　　　あやつ

⑧ 我が国も、かつては天然資源に（　　　）。
　わ　　　　　　　てんねん し げん

　1　勝っていた　　　　2　営んでいた　　　　3　富んでいた　　　　4　満たしていた

▶答えは p.93、正解文の読みは別冊 p.10

p.89の答え：Ⅰ－①**b**　②**b**　③**b**　④**a**　⑤**b**　⑥**a**　　Ⅱ－⑦**2**　⑧**1**

中級漢字の語彙を覚えよう

背く・経る・値する
（そむ）（へ）（あたい）

学習日　　月　日（　）

おぼえよう　動詞②（どうし）

○く／○ぐ	築く（きず）	ダムを築く	build a dam 建造水库　댐을 쌓다	
	描く（えが）	風景を心に描く	picture a scene of ... 在心里勾画风景　풍경을 마음에 그리다	
	背く（そむ）	命令に背く	disobey an order　违背命令　명령을 어기다	
	相次ぐ（あいつ）	事故が相次ぐ（じこ）	there continues to be accidents 事故相继发生　사고가 이어지다	
～iる	試みる（こころ）	実験を試みる	try out an experiment 尝试实验　실험을 시도하다	→ 試み（こころ）(N)　an attempt　尝试 시도
	省みる（かえり）	過去を省みる	review the past 反省过去　과거를 반성하다	
	帯びる（お）	酒気を帯びる	have a little alcohol 带有酒气　취기를 띠다	
～eる	経る（へ）	十年の年月を経る	ten years pass 经过十年的岁月　십년의 세월이 지나다	
		ドイツを経てイギリスへ行く（＝経由して）（けいゆ）	go to England via Germany 经由德国去英国　독일을 거쳐 영국으로 가다	
	構える（かま）	大通りに店を構える	have a store on a main street 在大街上开店　큰길에 가게를 차리다	カメラを構える　position a camera 手拿相机　사진 찍을 준비를 하다
	栄える（さか）	国が栄える	country prospers 国家繁荣　나라가 번창하다	
	絶える（た）	連絡が絶える	lose contact 联系中断　연락이 끊기다	→ 途絶える（とだ）　discontinue 断绝 중도에서 끊어지다
	映える（は）	夕日に映える	be lit by the setting sun 夕阳映照　저녁해가 빛나다	
	整える（ととの）	服装を整える	get dressed 整理服装　복장을 가다듬다	→ （～が）整う（ととの）
	授ける（さず）	賞を授ける	award a prize 授奖　상을 수여하다	
	傾ける（かたむ）	耳を傾ける	listen to 倾听　귀를 기울이다	→ （～が）傾く（かたむ）
	設ける（もう）	相談窓口を設ける（＝設置する）（せっち）	open a customer service counter 设立咨询窗口 상담창구를 설치하다	機会を設ける（きかい）　create an opportunity 创造机会 기회를 마련하다
	手掛ける（てが）	設計を手掛ける	draw up a plan 动手设计　설계를 직접하다	
	定める（さだ）	憲法を定める（けんぽう）	promulgate a constitution 制定宪法　헌법을 정하다	→ （～が）定まる（さだ）
	目覚める（めざ）	夢から目覚める（＝覚める）（さ）	wake from a dream 从梦中醒来　꿈에서 깨다	
	暮れる（く）	日が暮れる	the sun sets　日暮　날이 저물다	
	寝かせる（ね）	子どもを寝かせる（＝寝かす）	put a child to sleep 让孩子睡觉　아이를 재우다	
	震わせる（ふる）	声を震わせる（＝震わす）	one's voice trembles 声音颤抖　목소리를 떨다	

漢字一字＋する	この本は一読に値する。 あたい	This book is worth reading. 这本书值得一读。 이 책은 한번 읽어 볼 만하다.
	健康を害する けんこう　がい	ruin one's health 危害健康　건강을 해치다
	弁護士と称する男 べんごし　しょう	a man who claims to be a lawyer 自称 是律师的男人　변호사라고 칭하는 남자
	病気だと称して欠席する しょう	pretend to be ill to avoid attending 称病缺席　병이라고 칭해 결석하다
	警官が群集を制する。 ぐんしゅう　せい	Policemen control the crowd. 警察压制群众聚集。 경관이 군중을 제어하다.
	危険を脱する だっ	escape from danger 脱离危险　위험을 벗어나다
	裏方に徹する てっ	stay behind the scenes 一直在幕后 무대뒤에서 일하는 사람으로 일관하다
	大通りに面する家 めん	a house facing the main street 面向大马路的房子　큰길에 면한 집
	急を要する連絡 よう	an urgent message 紧急的联络　급한 연락

漢字一字＋じる *じる→ずるもOK	両親の健康を案じる けんこう　あん	worry about parents' health 担心父母的健康 양친의 건강을 걱정하다
	学歴を重んじる おも	put emphasis on educational qualifications 重视学历　학력을 중시하다
	ドラマのヒロインを演じる えん	play the main (female) role in a drama　出演电视剧主角 드라마의 영웅을 연기하다
	トランプに興じる きょう	enjoy card games 玩牌玩得高兴 트럼프를 즐기고 있다
	法律で禁じられている きん	be prohibited by law 被法律禁止 법률로 금지되고 있다
	待遇は年齢に準じる たいぐう　じゅん	pay depends on age 待遇是根据年龄决定 대우는 연령에 준한다
	状況が転じる てん	situation changes 状况变化　상황이 바뀌다
	新聞が事件を報じる。 ほう	Newspapers report the crime. 报纸报道事件。 신문이 사건을 보도하다.

練習 Ⅰ 正しいほうに○を付けなさい。

① 夕焼けで赤みを（a. 暮れた　b. 帯びた）空がきれいだ。

② 父は、料理の面白さに（a. 目覚めた　b. 転じた）らしく、毎日台所に立っている。

③ 彼女は、毎日異国で暮らす息子の健康を（a. 案じている　b. 報じている）。

④ 我がチームは、やっと最下位から（a. 脱する　b. 準じる）ことができた。

⑤ 最近、この地方に大きい地震が（a. 相次いで　b. 震わせて）起こっている。

⑥ 兄は、土日はマージャンに（a. 重んじている　b. 興じている）。

練習 Ⅱ （　　）にはどれが入りますか。一つ選びなさい。

⑦ 彼は、親の教えに（　　　）、不良になってしまった。

　　1　制して　　　　2　害して　　　　3　背いて　　　　4　準じて

⑧ 彼は、父親が（　　　）財産を次々と売ってしまった。

　　1　構えた　　　　2　栄えた　　　　3　築いた　　　　4　値した

▶答えは p.95、正解文の読みは別冊 p.10

p.91の答え：Ⅰ－①a　②a　③a　④b　⑤b　⑥a　　Ⅱ－⑦2　⑧3

中級漢字の語彙を覚えよう

最寄り・気配・手際
もよ・けはい・てぎわ

学習日　月　日（　）

Q.（　）に入るのは？
大学の授業料が
（　　）値上がりした。

おぼえよう

見出し	用例	意味（英・中・韓）	関連	意味（英・中・韓）
最寄り（もよ）	最寄りの駅	the nearest station 最近的车站　가까운 역		
誤り（あやま）	誤りが多い	make a lot of mistakes 错误多　잘못이 많다	➡ 誤った考え	wrong idea 错误的想法　잘못된 생각
過ち（あやま）	過ちを犯す	make a mistake 犯错　실수를 범하다		
値打ち（ねう）	値打ちがある絵	a valuable painting 有价值的画　값어치가 있는 그림		
勝手（な）（かって）	勝手な行動をとる	behave selfishly 擅自行动　멋대로인 행동을 한다		
初耳（はつみみ）	その話は初耳だ。	I've heard it for the first time. 这种事第一次听说。　그 이야기는 처음 듣는다.		
人並み（ひとな）	人並みの生活	a decent living 普通人的生活　보통사람과 같은 정도의 생활		
軒並み（のきな）	軒並みに値上がりする	every price goes up 全涨价了　모두 가격을 인상하다	古い軒並み	a row of old houses 成排的旧房子　오래된 집들이 늘어섬
人任せ（ひとまか）	仕事を人任せにする	leave one's work to someone else 把工作委托给别人　일을 타인에게 맡긴다		
善し悪し（よ・あ）	物事の善し悪し	the rights and wrongs of things 事物的好坏　세상사의 좋고 나쁨	➡ 善悪（ぜんあく）	good and evil 善恶　선악
目の当たり（ま・あ）	惨状を目の当たりにする	witness a tragic event 目睹了惨状　참상을 눈앞에 보다		
応急（おうきゅう）	応急処置をする	give first aid 进行应急处理　응급처치를 하다	応急手当	first aid 应急措施　응급조치
気配（けはい）	人の気配がする	sense someone is around 感觉有人　인기척이 난다		
手際（てぎわ）	手際がいい	be very efficient 本领好　솜씨가 좋다		
知恵（ちえ）	知恵を出し合う	put ones' heads together 彼此都拿出智慧　지혜를 서로 내다		
自我（じが）	自我が強い	be self-centered 自我意识强　자아가 강하다		
自己（じこ）	自己中心的な人	a self-centered person 自我中心的人　자기중심적인 사람		
作戦（さくせん）	作戦を練る	plan one's strategy 制定作战计划　작전을 짜다		
始末（しまつ）	事故の始末をする	deal with the aftermath of the accident 处理事故　사고의 처리를 하다		
決意（けつい）	決意を固める	strengthen one's determination 下定决心　결의를 굳히다		
意欲（いよく）	意欲がある	be very eager　有积极性　의욕이 있다		
片言（かたこと）	片言でしゃべる	speak a few words of the language 说只言片语　더듬더듬 말하다		
独自（どくじ）	独自の見解	one's own view 独自的见解　독자의 견해		
個々（ここ）	個々に意見を聞く	solicit each individual's opinion 向每个人征求意见　개개인에게 의견을 듣다		

従来 （じゅうらい）	従来の考え方	traditional ways of thinking 以往的想法　종래의 생각	従来通り	as in the past 和以往一样　종래대로
無茶（な） （む ちゃ）	無茶を言う	be unreasonable 胡说　당치 않는 소리를 하다	無茶をする	do reckless things 乱来　무리한 짓을 하다
過密（な） （か みつ）	過密スケジュール	a very tight schedule 过密的日程安排　과밀 스케줄		
不可欠（な） （ふ か けつ）	生活に不可欠なもの	indispensable things of life 生活不可缺少的东西　생활에 불가결한 것		
画期的（な） （かっ き てき）	画期的な発見	an epoch-making discovery 划时代的发现　획기적인 발견		
客観的（な） （きゃっかんてき）	客観的な意見を求める	request objective views 征求客观意见　객관적인 의견을 구하다	➡主観的（な） （しゅかんてき）	subjective　主观的　주관적
自発的（な） （じ はつてき）	自発的に参加する	participate voluntarily 自发地参加　자발적으로 참가하다		
強制的（な） （きょうせいてき）	強制的に参加させる	force someone to participate 强制参加　강제적으로 참가하다		
個人的（な） （こ じんてき）	個人的な事情	personal matter 个人原因　개인적인 사정		
科学的（な） （か がくてき）	科学的な根拠（こんきょ）	scientific basis 科学依据　과학적인 근거		
建設的（な） （けんせつてき）	建設的な話し合い	constructive discussions 建设性的对话　건설적인 토론		

練習 I 正しいほうに○を付けなさい。

① 朝の電車は、（a. 過密な（かみつ）　b. 独自の）ダイヤで運行している。

② 株（かぶ）の売買は、（a. 自己（じこ）　b. 自我（じが））責任で行うものです。

③ チラシの 30 日（土）は（a. 誤り　b. 過ち）です。正しくは 30 日（日）です。

④ この切手は、将来（a. 意欲　b. 値打ち）が出るかもしれない。

⑤ フリーズしたパソコンを（a. 無茶に　b. 強制的に）終了させた。

⑥ 彼は、知事選に立候補する（a. 作戦　b. 決意）を固めたようです。

練習 II （　　）にはどれが入りますか。一つ選びなさい。

⑦ 事故（じこ）の現場を（　　　）にして、恐ろしかった。

　　1　不可欠　　　　　　2　初耳　　　　　　3　人任せ　　　　　4　目の当たり（ま あ）

⑧ これは、我が社（わ）が開発した（　　　）新技術です。

　　1　画期的な　　　　　2　自己的な（じ こてき）　　　　　3　客観的な　　　　　4　自発的な

▶答えは p.97、正解文の読みは別冊 p.11

p.93 の答え：Ⅰ－ ①**b**　②**a**　③**a**　④**a**　⑤**a**　⑥**b**　　Ⅱ－⑦**3**　⑧**3**

復習＋もっと

学習日　月　日（　）

Q.　説明に最も合う言葉を、a・b・c　から一つ選びなさい。（答えは p.100）

1日目　▶p.84,85

1．その人自身の過去から現在に至った家庭環境や人間関係などの話

　　a　身の上話　　　b　身内の話　　　c　身元の話

2．高い目標を目指して努力する心、成長しようとする心

　　a　見当心　　　b　前向き心　　　c　向上心　　　〈注〉正解以外の言葉は存在しません。

2日目　▶p.86,87

1．特定の人だけの利益を守るのではなく、同じように扱うこと

　　a　公正　　　b　正当　　　c　誠実

2．「忙しいから…」などのような言い訳や言い逃れのこと

　　a　実態　　　b　公言　　　c　口実

3日目　▶p.88,89

1．生産や販売のために、原料や品物を買うこと

　　a　仕上げ　　　b　仕入れ　　　c　仕組み

2．目上の人などのそばにいて、その人に不自由がないように働く

　　a　とく　　　b　つかえる　　　c　しきる

4日目 ▶p.90,91

1. さらによいものにするために内容を検討したり、手を加えたりする

  a 練る　　　b 操る　　　c 沿う

2. 本来持っていた正常な状態を失う

  a 危ぶむ　　　b 負う　　　c 損なう

5日目 ▶p.92,93

1. 自分の心や行いを振り返ってよく考える

  a 省みる　　　b 重んじる　　　c 要する

2. 調和して、一段と良く見えて目立つ

  a 栄える　　　b 映える　　　c 帯びる

6日目 ▶p.94,95

1. 物事の筋道がわかり、うまく処理していける能力

  a 意欲　　　b 知恵　　　c 決意

2. 自分の好みなど、自分だけが感じるものの見方

  a 画期的　　　b 自発的　　　c 主観的

もっと覚えよう　＊「〜的」の形でよく使う言葉＊

画一的 かくいつてき	**画一的**な教育	uniform education 整齐划一的教育 획일적인 교육
合理的 ごうりてき	**合理的**な説明	reasonable explanation 合理的解释 합리적인 설명
相対的 そうたいてき	**相対的**に見る	view things in relative ways 相对来看 상대적으로 보다
楽天的 らくてんてき	**楽天的**な性格	optimistic personality 乐观的性格 낙천적인 성격
自発的 じはつてき	**自発的**に参加する	participate voluntarily 主动参加 자발적으로 참여하다
意図的 いとてき	**意図的**にうそを言う	tell an intentional lie 故意说谎 의도적으로 거짓말을 하다
先天的 せんてんてき	**先天的**な病気	congenital disease 先天性疾病 선천적인 질병

↔ **後天的**
こうてんてき　posteriori
后天性的 후천적

---

p.95 の答え：Ⅰ－①a　②a　③a　④b　⑤b　⑥b　Ⅱ－⑦4　⑧1

中級漢字の語彙を覚えよう

月　日（　）

まとめの問題

制限時間：20分
1問5点×20問
答えは p.100
正解文の読みと解説は別冊 p.11

点数

／100

問題1　（　　）に入れるのに最もよいものを、1・2・3・4から一つ選びなさい。

1 新薬の開発は、実験動物を対象に安全性や効果を（　　　）ならない。

　　1　慣らさなければ　　2　荒らさなければ　　3　試さなければ　　4　志さなければ

2 兄弟でもめないように、ケーキを（　　　）に切り分けた。

　　1　公正　　　　　　2　公私　　　　　　3　公用　　　　　　4　公平

3 （　　　）だけでささやかな結婚式を挙げた。

　　1　身近　　　　　　2　身内　　　　　　3　身の上　　　　　4　単身

4 隣人は変わっているが、このあたりは環境に（　　　）地域で気に入っている。

　　1　恵まれている　　2　悩まされている　　3　和んでいる　　4　目覚めている

5 この新しい装置は、自動車産業にとって、（　　　）な発明である。

　　1　客観的　　　　　2　正当的　　　　　3　画期的　　　　　4　根本的

6 彼の推理は、はなはだしく（　　　）違いだ。

　　1　実態　　　　　　2　見当　　　　　　3　根気　　　　　　4　内訳

7 彼は、まだ高校1年生だが、将来（　　　）な野球選手になるだろう。

　　1　有益　　　　　　2　有力　　　　　　3　有望　　　　　　4　画期的

8 仕事をサボってマージャンに（　　　）いたところを、上司に見つかってしまった。

　　1　演じて　　　　　2　興じて　　　　　3　群がって　　　　4　病んで

9 （　　　）通りのやり方ではだめだ。別の対策を考えなければならない。

　　1　従来　　　　　　2　自己　　　　　　3　意欲　　　　　　4　手際

10 彼女の家がゴミだらけだという（　　　）を誰も知らない。

　　1　言い訳　　　　　2　表向き　　　　　3　現行　　　　　　4　実態

問題2　次の言葉の使い方として最もよいものを、1・2・3・4から一つ選びなさい。

11 和む

1　朝から気持ちが悪かったが、少し寝たら和みました。

2　日本の国旗が空に和んでいた。

3　彼のジョークのおかげで、固かった雰囲気が一気に和んだ。

4　彼とは古くから和んだ友達です。

12 勝手

1　勝手に決めないで、私にも相談してください。

2　秋になって気温が勝手に下がってきた。

3　あなたの意見を聞けないのは、私勝手です。

4　勝手の結果で、不合格になってしまった。

13 値しない

1　その製品は値しない評判がある。

2　彼女の行動は問題があるから、私に値しない人物だ。

3　この本は内容に値しないと言われている。

4　社員を大事にしない会社は、信頼に値しない。

14 根回し

1　今度は、根回さないようにしたから大丈夫です。

2　選挙での根回しが失敗して、彼は落選したと言われている。

3　大至急この書類を根回ししておいてください。

4　根回しで会社をやめたけれど、後悔している。

15 実入り

1　今年は、会社に三人の実入りが来た。

2　今度の仕事は、かなり実入りがよい。

3　彼は若いが、とても実入りがよい。

4　彼女は初心者ながら、立派に実入りを果たした。

16 この電球は高いが、大幅な電気代の節約になるという<u>メリット</u>がある。

　　1　利点　　　　　　2　有力　　　　　　3　有益　　　　　　4　利子

17 成績でずっと一位を<u>維持する</u>のは難しいことです。

　　1　経る　　　　　　2　徹する　　　　　3　保つ　　　　　　4　築く

18 私の母は、用事を<u>言いつけて</u>ばかりで、自分では何もしない。

　　1　負かして　　　　2　指図して　　　　3　言い訳して　　　4　任せて

19 そちらに伺いたいのですが、<u>一番近い</u>駅はどこでしょうか。

　　1　身近な　　　　　2　目の当たりの　　3　最寄りの　　　　4　身の回りの

20 父の<u>命令を聞かないで</u>、大学をやめた。

　　1　命令を制して　　2　命令を脱して　　3　命令に背いて　　4　命令に徹して

復習（p.96〜97）の答え：
1日目　1. a　2. c　　2日目　1. a　2. c　　3日目　1. b　2. b
4日目　1. a　2. c　　5日目　1. a　2. b　　6日目　1. b　2. c

まとめの問題（p.98〜100）の答え：
問題1　1 3　2 4　3 2　4 1　5 3　6 2　7 3　8 2　9 1　10 4
問題2　11 3　12 1　13 4　14 2　15 2
問題3　16 1　17 3　18 2　19 3　20 3

意味が多い言葉を覚えよう

受ける・滑る・つながる
（う）（すべ）

おぼえよう

受ける（う）	両手でボールを受ける	catch a ball with both hands 双手接住球　양손으로 공을 받다
	ヨットが風を受けて進む。	Sailboat sails downwind. 快艇迎着风前行。 요트가 바람을 받아 나아가다.
	外国から援助を受ける（えんじょ）	receive foreign aid 接受外国的援助　외국에서 원조를 받다
	先生の影響を受ける（えいきょう）	be influenced by a teacher 受到老师的影响　선생님의 영향을 받다
	国民の歓迎を受ける（かんげい）	receive a warm welcome from people 受到国民的欢迎　국민의 환영을 받다
	学生から相談を受ける	be consulted by a student about his problem 接受学生的商谈　학생으로부터 상담을 받다
	ショックを受ける	be shocked 受到打击　쇼크를 받다
	招待を受ける	be invited 受到邀请　초대를 받다
	検査を受ける	go for a physical exam 接受检查　검사를 받다
	若者に受ける映画	movie that is very popular among young people 受年轻人喜欢的电影　젊은 사람에게 받아 들여지는 영화
	＊「ウケる」とカタカナで書く場合が多い。	
	➡ギャグがウケなかった。	The joke didn't go over well at all. 那个笑梗没人笑（不好笑）농담이 받아 들여지지 않았다.
	➡ウケがいい	very popular 受欢迎　인기가 있다
挟む（はさ）	本にしおりを挟む	put a bookmark in a book 书里夹上书签　책에 책갈피를 끼우다
	テーブルを挟んで座る	sit across from each other at the table 隔着桌子坐　테이블을 사이에 두고 앉다
	毛虫をはしで挟んで捨てる	pick up a caterpillar with chopsticks and throw it out 用筷子夹住毛毛虫扔掉　송충이를 젓가락으로 집어 버리다
	指をドアに挟んだ （＝ドアに指を挟まれた）。	I got my finger caught in the door. 门把手指夹住了。 손가락이 문에 끼었다.
	会話に口を挟む	cut into the conversation　谈话中插嘴　회화에 끼다
	会議は10分の休憩を挟んで再開します。（きゅうけい）	We'll resume the meeting after a 10-minute break. 会议插入十分钟的休息时间，然后再开始。 회의는 10분의 휴게를 두고 재개하겠습니다.
	うわさを耳に挟む	hear a rumor 略微听到一点传言　소문을 우연히 듣다

滑る すべ	スキーで滑る	ski down　用滑雪板滑行　스키를 타다
	足が滑って転んだ。	I slipped and fell. 脚下一滑摔倒了。　발이 미끄러져 넘어졌다 .
	手が滑ってコップを落とした。	A glass slipped from my hand and fell on the floor. 手一滑，杯子掉下去了。　손이 미끄러져 컵을 떨어뜨렸다 .
	つい口が滑ってしまった。	It just slipped out. 不小心说漏嘴了。　자기도 모르게 입을 잘못 놀렸다 .
	試験に滑って、がっかりしている。	I failed the exam and feel disappointed. 考试没过，很失望。　시험에 떨어져 실망하고 있다 .
つながる	電話がつながる	connect by phone 拨通电话　전화가 연결되다
	町につながっている道	a road leading to a town 连接城镇的道路　마을에 연결되어 있는 길
	渋滞で車がつながっている。 じゅうたい	Cars line up in a traffic jam. 因堵车，汽车排成长龙。　정체로 차가 이어져 있다 .
	まだ首がつながっている	one has managed to keep one's job 还能保住职位　아직 목이 이어져 있다
	事件につながる人物	person who could be involved in a crime 与事件有牵连的人物　사건에 연루된 인물
	もうけにつながる話	a plan to generate a large profit 能赚钱的事　벌이와 연결된 이야기
	彼とは血がつながっている。	I am related to him by blood. 和他有血缘关系。　그와는 피가 이어져 있다 .

練習 Ⅰ 正しいほうに○を付けなさい。

① 彼のギャグは、全然（a. つながらなかった　b. うけなかった）。

② パンにハムを（a. はさんで　b. つなげて）食べました。

③ つい口を（a. はさんで　b. すべらせて）、彼の秘密をばらしてしまった。
（ひ み つ）

④ そのときの経験が、今の自信に（a. うけている　b. つながっている）。

⑤ 彼女が結婚するといううわさを耳に（a. はさんだ　b. 受けた）。

⑥ ドアを開けるとき、手が（a. すべって　b. はさんで）持っていた本を落としてしまった。

練習 Ⅱ（　　）にはどれが入りますか。一つ選びなさい。

⑦ 彼らは戸籍上は兄弟だが、血は（　　　）いない。

　1　受けて　　　　　　2　つながって　　　　　3　受かって　　　　　4　つなげて

⑧ 彼の家は、うちの前の道路を（　　　）向こう側にある。

　1　はさんで　　　　　2　すべって　　　　　3　うけて　　　　　4　つなげて

▶答えは p.105、正解文の読みは別冊 p.12

通る・引く・回す

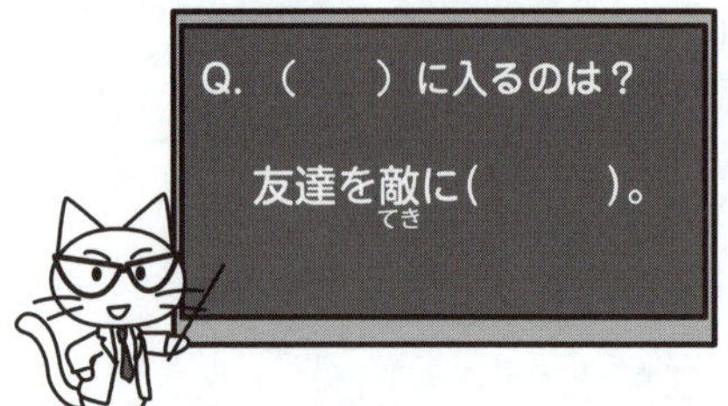

おぼえよう

通る（とお）

町に高速道路が通る。	An expressway will be built through the town.　镇子上通了高速公路。　마을에 고속도로가 통하다.	名の通った医師	a famous doctor　有名的医师　이름이 통하는 의사
彼の声はよく通る。	His voice carries well.　他的声音很响亮。　그의 목소리는 잘 통한다.	風がよく通る家	house with good ventilation　通风好的房子　바람이 잘 통하는 집
詰まっていた鼻が通る	one's stuffed nose is clearing　堵塞的鼻子通了　막힌 코가 통하다		
食べ物がのどを通らない	cannot get one's food down　食不下咽　음식이 목을 넘어가지 않는다		
議案が国会を通った。	Parliament passed the bill.　议案在国会上通过了。　의안이 국회를 통과하다.		
この肉は火がよく通っていない。	This meat is not cooked.　这肉没有熟透。　이 고기는 잘 익지 않았다.		
彼の言うことは筋が通っている。	What he says makes sense.　他说的合乎道理。　그가 말하는 것은 이치에 맞다.		

引く（ひ）

綱を引く	pull a rope　拉绳子　줄을 잡아 당기다	潮が引く	tide goes out　退潮　바닷물이 빠지다
子どもの手を引く	take one's child's hand　拉着孩子的手　아이의 손을 끌다	値段を引いて売る	sell it for a discounted price　降低价格卖　가격을 깎아 팔다
この地域に水道を引く	install a public water system in this area　在这一带铺设自来水管道　이 지역에 수도를 끌다		
神社でおみくじを引く	draw one's fortune at a shrine　在神社抽签　신사에서 운세 뽑기를 뽑았다		
フライパンに油を引く	put oil in a pan　在平底锅上涂一层油　후라이팬에 기름을 두르다		
熱が引いて平熱になった。	My fever has gone away.　烧退了，已是正常体温。　열이 내려 평상시 체온이 되었다.		
注意を引くために大声を出す	shout to get attention　为了引起注意出大声　주의를 끌기 위해 큰 소리를 내다		
身を引く	retire from, leave　抽身　몸을 빼다		
彼はイギリス人の血を引いている。	He has some English blood.　他继承了英国人的血统。　그는 영국인의 피를 이어 받다.		

乗る（の）

リズムに乗って踊る	dance to the music　跟着节奏跳舞　리듬을 타서 춤추다	友人の相談に乗る	give some advice to one's friend　帮朋友商量　친구의 상담을 해주다
友人の誘いに乗る	accept a friend's invitation　答应朋友的邀请　친구의 권유를 받아 들이다	その手には乗らない。	I don't buy your plan!　不会被这种手段上当。　그 수법에는 넘어가지 않는다
調子に乗っていると、失敗するよ。	You'll fail if you get carried away too much.　如果得意忘形，就会失败。　우쭐해하면 실패한다.		
花粉が風に乗って運ばれる。	Pollen is carried by the wind.　花粉随风被带了过来。　꽃가루가 바람을 타고 날라지다		
誘われたが、気分が乗らないから断った。	Although I was invited, I didn't go as I was not in the mood.　虽然接到了邀请，但没心情，拒绝了。　권유를 받았지만 기분이 내키지 않아 거절했다.		

回す まわ			
びんのふたを左に回す	twist the lid of the bottle to the left	向左拧瓶盖	병의 뚜껑을 왼쪽으로 돌리다
回覧板を回す　かいらんばん	pass on a circular bulletin	依次传递传阅板	회람판을 돌리다
洗濯機を回す	turn on the washing machine	转动洗衣机	세탁기를 돌리다
彼女の肩に手を回す	put an arm over her shoulder	手绕到她的肩膀上	그녀의 어깨를 손으로 감싸다
事前に手を回す	try to arrange ... in advance	事先做好安排	사전에 손을 쓰다
仕事を明日に回す	postpone a job till tomorrow	把工作推到明天	일을 내일로 돌리다
社長室に電話を回す	forward a call to the president's office	把电话转到社长办公室	사장실에 전화를 돌리다
旧友を敵に回す　てき	have a good friend in the opponent's camp	老朋友变成了敌人	옛친구를 적으로 돌리다
患者を外科に回す	refer the patient to the surgical department	把患者转到外科	환자를 외과로 돌리다
子どもを連れ回す	drag a child around with you	带着孩子到处走	아이를 데리고 돌아다니다

練習 Ⅰ 正しいほうに○を付けなさい。

① 会議で反対意見が出ないよう、事前に手を（a. 引いて　b. 回して）おいた。

② こんなに遅い時間まで子どもを（a. 連れ回す　b. 連れ引く）のは、非常識だ。

③ 桜の花びらが風に（a. 通って　b. 乗って）運ばれてきた。　さくら

④ この肉はまだ火がじゅうぶんに（a. 乗って　b. 通って）ないから、もう一度焼いてください。

⑤ 彼女は、泣いてみんなの注意を（a. 引いた　b. 回した）。

⑥ 彼は、イギリスではかなり名の（a. 乗った　b. 通った）作家です。

練習 Ⅱ（　　）にはどれが入りますか。一つ選びなさい。

⑦ 気が（　　　）けれど、上司に飲みに誘われたら断れない。　じょうし　さそ

　　1　引けない　　　　2　通らない　　　　3　乗らない　　　　4　回らない　まわ

⑧ 彼の提案は筋が（　　　）が、実現するのは難しいだろう。　ていあん　すじ

　　1　通っている　　　2　乗っている　　　3　回している　　　4　引いている

▶答えは p.107、正解文の読みは別冊 p.12

p.103の答え：Ⅰ－①b　②a　③b　④b　⑤a　⑥a　　Ⅱ－⑦2　⑧1

意味が多い言葉を覚えよう

はる・送る・飛ぶ

おぼえよう

はる	糸がピンと張る	thread is stretched tight 把绳子拉紧　실이 팽팽하게 당겨지다	根が深く張る	roots go deep into the ground 深深扎根　뿌리가 깊이 박히다
	池に氷が張る	a pond freezes 水池里结冰　연못에 얼음이 얼다	くもの巣が張る	a spider weaves a web 布满蜘蛛网　거미집이 쳐져있다
	おなかが張る	one's abdomen is bloated 肚子胀　배가 당기다	テントを張る	pitch a tent 搭帐篷　텐트를 치다
	気が張る	feel tense 心情紧张　긴장하다	胸を張る	puff up one's chest 挺起胸脯　가슴을 펴다
	見栄を張る	show off　好面子　허영을 부리다	➡見栄っ張り	a vain person 装门面　허영쟁이
	ポスターを貼る	put up a poster 贴海报　포스터를 바르다		

送る	扇風機で風を送る	circulate air using a fan 用电风扇送风　선풍기로 바람을 보내다	使いの者を送る	send someone 派遣使者　사자를 보내다
	送りがなを送る	add a declensional kana ending (to a kanji)　标上送假名　오쿠리가나를 달다	駅まで送る	take someone to a station 送到车站　역까지 배웅하다
	多忙な日を送る	have a very busy life 过着繁忙的日子　다망한 날들을 보내다	拍手を送る	applause 送上掌声　박수를 보내다
	目で合図を送る	convey a message through a look 用眼睛送信号　눈으로 신호를 보내다		

とける	靴のひもが解ける	shoelaces come undone 鞋带开了　신발끈이 풀리다	誤解が解ける	resolve a misunderstanding 误解消除　오해가 풀리다
	洗剤が水に溶ける	detergent dissolves in the water 洗涤剂溶在水里　세제가 물에 녹다	雪が解ける	snow melts 雪融化　눈이 녹다
	アイスクリームが室温で溶ける。	Ice cream melts at room temperature. 冰淇淋在室温下融化了。　아이스크림이 실온에서 녹다.		
	この問題は難しくて解けない。	This problem is too difficult for me to solve. 这个问题太难,不好解答（解决）。이 문제는 어려워서 풀지 못하다.		
	停学処分が解けてまた通学している。	He is no longer suspended from school and now goes to school every day.　停学处分解除，又去上学了。정학 처분이 풀려 또 통학하고 있다.		

とぶ	ヘリコプターが飛んでいる。	Helicopter is hovering. 直升飞机在飞。헬리콥터가 날고 있다.
	台風で看板が飛んだ。（＝空中に舞う）	A sign got blown away in a typhoon. 台风把广告牌刮飞了。태풍으로 간판이 날았다.
	ニューヨークまで飛ぶ（＝飛行機で目的地に行く）	fly to New York　飞到了纽约　뉴욕까지 날다
	水たまりの泥が跳ぶ（＝はねる）	mud splashes up from a puddle 水坑的泥溅起来了　물 웅덩이의 진흙이 튀다
	ヒューズが飛ぶ	fuse blows 保险丝断开　퓨즈가 나가다
	記者が現場に飛ぶ（＝急いで行く）	reporters rush to the site 记者赶赴现场　기자가 현장으로 달려가다
	ローンの返済でボーナスが飛ぶ（＝消えてなくなる）	mortgage payments eat up one's bonus 因要还贷款，奖金马上就没了　빚의 변제로 보너스가 날라가다
	話があちこちに飛ぶ	jump from one topic to another 话题跳来跳去　이야기가 여기저리로 튀다

<table>
<tr><td rowspan="8">結ぶ
むす</td><td>靴のひもを結ぶ</td><td>tie shoelaces
系鞋帯　신발끈을 묶다</td></tr>
<tr><td>契約を結ぶ
けいやく</td><td>sign a contract
締結契約　약속을 맺다</td></tr>
<tr><td>口を固く結ぶ</td><td>keep one's mouth shut
緊閉嘴巴　입을 굳게 다물다</td></tr>
<tr><td>Ａ社と手を結ぶ</td><td>partner with Company A
与Ａ公司携手　Ａ사와 손을 잡다</td></tr>
<tr><td>東京と大阪を結ぶバス
おおさか
（＝２つの地点をつなぐ）</td><td>bus that runs between Tokyo and Osaka
连接东京和大阪的巴士　동경과 오사카를 연결하는 버스</td></tr>
<tr><td>二人は信頼感で結ばれている。
（＝つながっている）</td><td>The two persons trust each other.
两人靠信赖感结合在一起。　두사람은 신뢰감으로 맺어져 있다.</td></tr>
<tr><td>長年の努力が実を結ぶ。
（＝形になる）</td><td>Sustained efforts eventually bear fruit.
长年的努力有了结果。　오랜 노력이 결실을 맺다.</td></tr>
</table>

練習 I 正しいほうに○を付けなさい。

① 彼とは固い友情で（a. 結ばれて　b. 結んで）いる。

② 彼らは結婚して数年間は、幸せな日々を（a. はって　b. 送って）いた。

③ 努力が実を（a. 結んで　b. 解けて）、実験に成功した。

せいこう

④ 私は胸を（a. はって　b. とんで）、この作品には自信があると言えます。

⑤ 操作を間違ったらしく、一瞬でデータが（a. とんで　b. とけて）しまった。

そうさ　　　　　いっしゅん

⑥ 彼女の誤解が（a. むすぶ　b. とける）には時間がかかるだろう。

練習 II （　　）にはどれが入りますか。一つ選びなさい。

⑦ パチンコで一万円札が（　　　）いった。

さつ

　　1　飛んで　　　　　　2　送って　　　　　3　とけて　　　　　4　張って
　　　　　　　　　　　　　　　　　　　　　　　　　　　　　　　　　　　　は

⑧ その２社は、合併の契約を（　　　）。

がっぺい　けいやく

　　1　通した　　　　　　2　送った　　　　　3　結んだ　　　　　4　つないだ

▶答えは p.109、正解文の読みは別冊 p.12

p.105 の答え：Ⅰ－①**b**　②**a**　③**b**　④**b**　⑤**a**　⑥**b**　　Ⅱ－⑦**3**　⑧**1**

甘い・かたい・重い
<ruby>甘<rt>あま</rt></ruby>　　<ruby>重<rt>おも</rt></ruby>

Q.（　）に入るのは？
このねじは（　　　）か
らすぐに外れてしまう。

おぼえよう

甘い あま	このトマトは**甘くて**おいしい。	This tomato is sweet and tasty. 这西红柿又甜又好吃。　이 토마토는 달고 맛있다.
	今朝のみそ汁はちょっと**甘い**（＝塩分が少ない）。 しる	The miso soup this morning is rather mild. 早晨的酱汤有点甜。　오늘 아침의 된장국은 조금 달다.
	甘い（＝優しく快い）声でささやく	whisper sweet things in her ear 用娇滴滴的声音嘟囔　달콤한 목소리로 속삭이다
	彼は子どもたちに**甘い**（＝厳しくない）。 きび	He is easy on his kids. 他对孩子很宽松。　그는 아이들에게 엄하지 않다.
	考えが**甘い**（＝安易だ）	an overly optimistic view　想法幼稚　생각이 무르다
	準備なしで受験したのは**甘かった**。	I didn't prepare enough. I underestimated the difficulty of the entrance exam.　没准备就参加考试，想得太简单了。 준비없이 시험을 친 것은 야무지지못했다.
	仕事を**甘く**（＝簡単に）見る	not take the job seriously　小瞧工作　일을 만만하게 보다
	見通しが**甘い**	an overly optimistic plan　预测过分乐观　전망을 쉽게 보다
	このねじは**甘い**（＝ゆるい）からすぐに外れる。	This screw will come out easily because it is already loose. 这螺丝松了，马上能拧下来。　이 나사는 헐거워서 금방 풀어진다.
かたい	**かたい**椅子 いす	hard chair　硬椅子　딱딱한 의자　　↔**やわらかい**
	かたい（＝しっかりとした）握手を交わす あくしゅ	shake hands firmly 紧紧握手　굳게 악수를 교환하다
	口が**かたい**	be tight-lipped　嘴巴严　입이 무겁다　　↔**口が軽い** かる
	彼の決意は**かたい**。	He's firm in his decision. 他的决心很坚定。　그의 결의는 굳다.
	表情が**かたい**	a stern look 表情僵硬　표정이 굳다　　↔**やわらかい**
	かたい（＝安全な）商売をする	do a stable business 可靠的买卖　견실한 장사를 한다
	彼の合格は**かたい**（＝確実だ）。	He'll certainly pass. 他肯定能合格。　그의 합격은 틀림없다.
	父は頭が**かたい**（＝頑固だ）。 がんこ	My father is stubborn. 父亲头脑顽固。　아버지는 완고하다.　　↔**やわらかい**
	かたい（＝難しい）話はやめよう。	Let's not talk about such a serious topic. 别说严肃的话题了。　무거운 이야기는 그만두자.
	外出を**かたく**（＝絶対に）禁ずる。	Going out is prohibited. 严格禁止外出。　외출을 굳게 금하다.
明るい あか	**明るい**ブルー（↔暗い）　light blue 明亮的蓝色　밝은 블루	**明るい**性格（↔暗い）　cheerful personality 开朗的性格　밝은 성격
	明るい声（↔暗い）　cheerful voice 明朗的声音　밝은 목소리	彼は政治に**明るい** （＝詳しい）。 くわ　He knows a lot about politics. 他精通政治　그는 정치에 밝다.
	今後の見通しが**明るい**。（↔暗い）	The prospect is very good. 今后前途光明。　금후의 전망이 밝다.

重い おも	酸素は水素より**重い**。（さんそ　すいそ）	Oxygen is heavier than hydrogen. 氧气比氢气重。　산소는 수소보다 무겁다.
	この自転車のペダルは**重い**。	This bicycle feels heavy. 这自行车的踏板沉。 이 자전거의 페달은 무겁다.
	重い（＝重要な）地位につく	assume an important position 身居高位　중요한 지위가 되었다
	寝不足で頭が**重い**（＝すっきりしない）。	My brain isn't working well due to lack of sleep. 因睡眠不足，感觉头沉。 잠부족으로 머리가 무겁다.
	パソコンの動きが**重い**（＝遅い）。	This PC is slow. 电脑反应慢。 컴퓨터의 움직임이 느리다.
	その仕事を断るのは気が**重い**（＝憂うつだ）。（ゆう）	I am reluctant to turn down the job. 拒绝那个工作，心情沉重。 그 일을 거절하는 것은 마음이 무겁다.
	今日の会議の内容は**重かった**（＝深刻だった）。	The contents of today's meeting were serious. 今天会议的内容沉重。 오늘의 회의의 내용은 무거웠다.
まずい	対応が**まずい**（＝よくない）（たいおう）	deal with ... very poorly 对应拙劣　대응이 서투르다
	彼は性格はいいが顔が**まずい**（＝不細工だ）。	He has a nice personality but he is not very handsome. 他性格好，可长得不好看。 그는 성격이 좋지만, 얼굴은 못 생겼다.
	彼の歌は**まずい**（＝下手だ）。	He sings very poorly. 他歌唱得很难听。 그의 노래는 서투르다.
	人に聞かれると**まずい**（＝都合が悪い）。	I don't want anyone to hear this. 让人听见就糟了。 타인이 들으면 난처하다.
	まずい（＝都合が悪い）ことになった。	We're in trouble. 坏事了。 난처하게 되었다.

練習 Ⅰ 正しいほうに○を付けなさい。

① これからのローンの返済を考えると気が（a. 暗い　b. 重い）。

② この仕事を（a. まずく　b. あまく）見ていると、あとで大変だよ。

③ 彼にそのように言ったのは非常に（a. 重かった　b. まずかった）。

④ やっと不況を脱したようで、今後の景気の見通しは（a. かたい　b. 明るい）。（だっ）

⑤ タバコをやめようと（a. かたく　b. 重く）決心をした。

⑥ 「大もうけできますよ」という（a. 甘い　b. 明るい）誘いにのって、全財産を失ってしまった。（さそ）

練習 Ⅱ （　　）にはどれが入りますか。一つ選びなさい。

⑦ 彼は、頭が（　　　）から、自分の意見を変えないでしょう。

　　1　重い　　　　　　　2　かたい　　　　　　3　暗い　　　　　　4　まずい

⑧ 我が社は今回の事故を（　　　）受け止め、再発防止に努めます。（わ　じこ）

　　1　かたく　　　　　　2　重く　　　　　　　3　高く　　　　　　4　甘く

▶答えは p.111、正解文の読みは別冊 p.12

p.107 の答え：Ⅰ－①a　②b　③a　④a　⑤a　⑥b　　Ⅱ－⑦1　⑧3

強い・ばか・あと

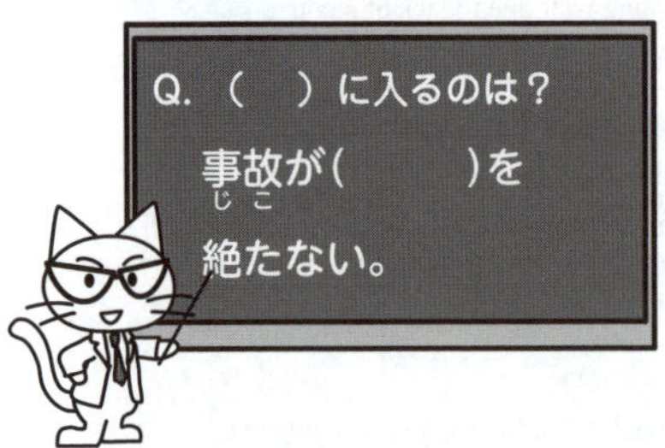

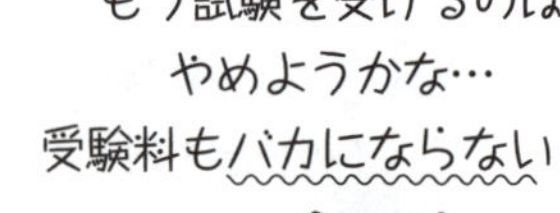

おぼえよう

強い つよ	ひもを強く（＝きつく）結ぶ	tie the rope tightly 系紧绳子　끈을 강하게 묶다	↔ゆるく
	この木は寒さに強い。	This tree is winter-hardy. 这种树耐寒力强。　이 나무는 추위에 강하다.	↔弱い
	彼は意志が強い。	He has a strong will. 他意志坚强。　그는 의지가 강하다.	↔弱い
	兄は機械に強い（＝詳しい）。	My brother knows a lot about machines. 哥哥擅长器械。　형은 기계에 강하다.	
	彼女は気が強い。	She is strong-minded. 她生性好强。　그녀는 성질이 있다.	↔弱い
	今日は日差しが強い。	The sun is strong today. 今天日光强烈。　오늘은 햇빛이 강하다.	
	学生に強く注意する（＝厳しく）	give a strong warning to a student 严厉提醒学生　학생에게 강하게 주의를 주다	

ばか（な） ＊「バカ」と書くことも多い	ばかなことをする	do a stupid thing 干傻事　바보같은 일을 하다
	友人にばかにされる	be looked down on by one's friends 被朋友看不起　친구에게 바보취급 당하다
	交通費がばかにならない（＝軽視できない）	transportation costs add up 交通费不能小瞧　교통비가 무시 못한다
	自分だけがばかを見る（＝損をする）	waste time and money among others 只有自己吃亏　자기만이 바보가 되다
	ねじがばかになる（＝ゆるくなって使えない）	the screw won't hold 螺丝不起作用了　나사가 망가지다
	今日はばかに（＝非常に）寒い。	It's so cold today. 今天非常冷。　오늘은 몹시 춥다.
	親ばか	a doting parent 糊涂父母（失去理智地溺爱子女）　자식을 제대로 보지 못하고 어리석은 언동을 하는 부모
	専門ばか	person who knows nothing beyond his expertise 专心钻研专业的人　전문적인 것만 알고 나머지는 모르는 사람
	ばか力	great physical strength 蛮力　엄청난 힘
	ばか正直	extreme honesty 傻诚实　지나치게 정직함

あと	故郷を後にする	leave one's hometown 离开故乡　고향을 뒤로 하다	彼の後をつける	follow him 跟踪他　그의 뒤를 미행하다
	面倒なことを後に回す	leave aside a troublesome task until later 麻烦的事情往后推　귀찮은 일은 뒤로 돌리다		
	入社はできたが、後が心配だ。	I got a job but I am not sure if I'll be able to do it. 虽然进公司了，但担心以后。　입사는 했지만，뒤가 걱정이다.		
	あと5分で始まる。	It'll start in 5 minutes. 有5分钟就开始。　5분뒤에 시작하다.		
	事故が後を絶たない。（＝次々に起こる）	There continue to be accidents. 事故不绝。　사고가 이어진다.		
	社長の後（跡）を継ぐ	take over the president's position 接任社长的职务　사장의 뒤를 잇다		
	後（＝残り）は来月払います。	I'll pay the rest next month. 剩下的下个月支付。　다음은 다음달에 지불하겠습니다.		
	書き直した跡がある。	There are signs that it's been rewritten. 有修改的痕迹。　다시 쓴 흔적이 있다.		

根 ね	雑草を根から抜く	pull out the weed with its root 把杂草连根拔起　잡초를 뿌리부터 뽑다
	その問題の根は深い。	The root of the problem is deep. 这个问题根源很深。　그 문제의 뿌리는 깊다.
	歯の根	root of a tooth 牙根　이의 뿌리
	息の根を止める	strangle someone 杀死　숨통을 끊다
	彼は根(=本来の性質)は正直だ。	He doesn't look it but he is honest. 他秉性诚实。　그는 근본은 정직하다.
	彼は昔のことを根に持っている。	He is bitter about what happened in the past. 他对以前的事情怀恨在心。　그는 옛날일을 마음속에 가지고 있다.
波 なみ	台風が近づいていて波が高い。	The waves are high because a typhoon is coming. 台风靠近，波浪很高。　태풍이 다가와 파도가 높다.
	彼は感情に波がある(=感情の変化が大きい)。	He is moody. 他的感情有波动。　그는 감정의 기복이 있다.
	人の波(=大きな流れ)に押される	be jostled in a crowd 被人流推着　인파에 눌리다
	国際化の波に乗る(=傾向に 従 う)	follow the trend for internationalization 乗着国际化的潮流　국제화의 물결을 타다

練習 I 正しいほうに○を付けなさい。

① 長い人生には、良いときと悪いときの（a. 根　b. 波）がある。

② 今日の授業は、（a. 重く　b. ばかに）難しかったね。

③ ホテルを（a. 後に回して　b. 後にして）、駅へ向かった。

④ 通うのはいいが、交通費がバカに（a. ならない　b. なる）。

⑤ その病原菌の（a. ばか力　b. 息の根）を止める新薬が発明された。

⑥ 昔のことをいつまでも（a. 根に持つ　b. 後を継ぐ）のはやめましょう。

練習 II （　　）にはどれが入りますか。一つ選びなさい。

⑦ 警官は、その不審な男の（　　　）。

　　1　後ろに回した　　　2　後を継いだ　　　3　後をつけた　　　4　後にした

⑧ 正直者が（　　　）社会であるべきだ。

　　1　バカになる　　　2　バカにならない　　　3　バカをみる　　　4　バカをみない

▶答えは p.113、正解文の読みは別冊 p.12

p.109の答え：I －①b　②b　③b　④b　⑤a　⑥a　　II －⑦2　⑧2

先・道・種
さき　みち　たね

Q.（　）に入るのは？
その小説の（　）を
教えてください。

おぼえよう

あたり	この辺り(=辺)は民家が多い。		There are a lot of houses around here. 这一带民房多。　이 부근은 민가가 많다.
	今月の末辺り(=ごろ)に、両親が来る。		My parents will come toward the end of this month. 父母大约在这个月末来。이번달 말 부근에 양친이 온다.
	風当たりが強い		be windy, be severely criticized　风势大、指责声大 바람이 강하다 (①문자 그래로의 의미　②비판이 강하다)
	人当たりのいい人		friendly person 待人和蔼的人　사람에게 부드럽게 대하는 사람
	当たり(=見当)をつける		make a guess 预测　(바둑에서) 단수로 몰다
	その映画は大当たり(=大成功)だった。		The movie was a big hit. 这个电影非常成功。　그 영화는 적중했다.
	くじに当たった(=当選した)。		I won a prize in a lottery. 中签。　추첨에 당첨됬다.
筋 すじ	足の筋を痛める		injure a tendon in my leg 腿筋扭痛了　발의 근육을 다쳤다
	筋の多い肉		tough meat 筋多的肉　힘줄이 많은 고기
	爪に白い筋(=線)が入っている。		There is a white line on a nail. 指甲上有白条纹。　손톱에 흰 줄기가 들어 있다.
	野菜の筋を取る		cut off the tough parts of vegetables 去除蔬菜的纤维　야채의 섬유줄기를 떼다
	筋(=血管)が浮いて見える腕		an arm that vains protrude 青筋暴露的胳膊　힘줄이 떠 보이는 팔
	筋(=素質)がいいから、上達が早そうだ。		You've got talent so you will improve soon. 因为素质好，进步应该会很快。소질이 있으니 곧 능숙해 질것 같다.
	筋の通った話　a reasonable story 合乎道理的事情 조리가 있는 이야기	物語の筋　plot 故事的梗概 이야기의 줄거리	
先 さき	トンボが指の先に止まる。		Dragonfly perches on the tip of a finger. 蜻蜓落在指尖上。　잠자리가 손가락 끝에 멈추다.
	目的地を目指して先(=前)へ進む		move toward one's destination 朝着目的地向前走 목적지를 목표로하여 앞으로 나아가다
	話の先(=続き)を聞かせてください。		Let me hear the rest of the story. 请让我听听下文。　이야기의 앞을 들려 주세요.
	名簿の先(=はじめ)のほうに名前が出ている。		My name appears early in the list. 名册前面有名字。　명보의 앞에 이름이 나와 있다.
	先に(=以前)お知らせしたとおり……		As I informed you earlier, ... 正如刚才所通知的… 전에 말씀 드린 대로…
	先(=将来)のことはわからない。		I have no idea what is coming next. 将来的事情不知道。　앞의 일은 모른다.
	食事代を先に(=食事の前に)払う		pay in advance for the meal 先支付饭钱　식사대금을 먼저 지불하다
	先を争って電車から降りる		push one's way through to the front when getting off the train 争先恐后地从电车上下车　앞을 다투어 전차에서 내리다
	行き先　one's destination/whereabouts 要去的地方　행선지	取引先　business connection 交易对方 거래처	

道 (みち)	分かれ道を右に行く	take the road to the right at a junction 从岔道上往右走　갈라진 길을 오른쪽으로 가다
	合格への道は険しい。	The path to a good school is tough. 通往合格的道路很艰辛。　합격에의 길은 험하다.
	お金の使い道(＝使う方法)を考える	think how to use money 考虑钱怎么用　돈의 사용법을 생각하다
	人の道に外れる	stray from the right path 违背人的道义　사람의 도리를 벗어나다
	彼はその道(＝分野)の権威(けんい)だ。	He is an authority in the area. 他是这方面的专家。　그는 그 길의 권위자다.
	仏の道を説く	preach Buddha's teaching 讲解佛教的道理　부처의 법을 설교하다
種 (たね)	種をまく	seed　播种　씨앗을 뿌리다
	悩みの種	the cause of a headache 烦恼的根源　고민거리
	すしの種(＝材料)	materials used for making sushi 寿司材料　초밥의 생선재료　＊「タネ」とカタカナで書くことも多い。「ネタ」とも言う。
	話の種	a conversation topic 话题　이야기거리
	手品の種(＝仕掛け)を明かす	reveal a magic trick 揭露变戏法的底儿　마술의 속임수 소개하다

練習 I 正しいほうに○を付けなさい。

① 首相はきちんと（a. 筋の入った　b. 筋の通った）説明をした。

② 天候に恵まれて、工事はだいぶ（a. 先へ　b. 道を）進んだ。

③ （a. 話の先　b. 話の種）に、新しくできたレストランに食べに行ってみた。

④ 犯人の（a. 筋　b. 当たり）をつけて、捜査を開始した。

⑤ 君は（a. 筋　b. 人当たり）がいいから、すぐに試合に出ることができるだろう。

⑥ 一人前の医者になるまでの（a. 道　b. 筋）は長いですよ。

練習 II （　　）にはどれが入りますか。一つ選びなさい。

⑦ ラッシュアワーの時間、乗客は（　　　）を争って電車に乗ったり降りたりしている。

　　1　先(さき)　　　　2　道　　　　3　筋(すじ)　　　　4　当たり(あ)

⑧ 彼は、覚醒剤(かくせいざい)に手を出すという、人の（　　　）に外れたことをした。

　　1　先　　　　2　筋(すじ)　　　　3　種　　　　4　道

▶答えは p.115、正解文の読みは別冊 p.13

p.111の答え： I－①b　②b　③b　④a　⑤b　⑥a　　II－⑦3　⑧4

意味が多い言葉を覚えよう

復習＋もっと

学習日　　月　　日（　）

Q．説明に最も合う言葉を、a・b・c　から一つ選びなさい。（答えは p.118）

1日目　▶p.102,103

1．言ってはいけないことや、言う必要のないことなどを思わず言ってしまう
　　a　口にのる　　　　b　口をはさむ　　　　c　口がすべる

2．会社などをやめさせられそうになった人が、そうならずに済む
　　a　首が回る　　　　b　首がつながる　　　c　首が飛ぶ

2日目　▶p.104,105

1．親や祖先の血筋を受け継いでいる
　　a　血を引く　　　　b　筋を通す　　　　c　身を引く

2．いい気になって軽率な行動をとる
　　a　気分が乗る　　　b　調子に乗る　　　c　その手に乗る

3日目　▶p.106,107

1．たとえば、規則で出場停止となっていたような処分が終わることを言う
　　a　処分を見送る　　b　処分が飛ぶ　　　c　処分が解ける

2．緊張して、気持ちが引きしまる
　　a　気がとける　　　b　気がとぶ　　　c　気がはる

4日目　▶p.108,109

1．しっかりした心構えができていない考え
　　a　あまい考え　　　b　ゆるい考え　　　c　おそい考え

2．政治のことを、よく知っていたり、経験が豊富な様子
　　a　政治にしぶい　　b　政治にからい　　c　政治にあかるい

5日目　▶p.110,111

1．わが子かわいさのあまり、自慢したり、過保護になったりして、他人から見ると愚かに思える
　　ことをしたり、言ったりすること

　　　a　親ごころ　　　　　　　b　親ばか　　　　　　c　親おもい

2．いつまでもなくならない、また終わらずにずっと続いている様子

　　　a　あとを絶たない　　　b　あとに回す　　　c　あとを継ぐ

6日目　▶p.112,113

1．才能や見込みがある、また感覚や感性が優れている様子

　　　a　道がいい　　　b　種がいい　　　c　筋がいい

2．人に与える感じや印象のこと

　　　a　人まわり　　　b　人さわり　　　c　人あたり　　　〈注〉正解以外の言葉は存在しません。

もっと覚えよう　＊よく使う慣用句＊

慣用句	意味	例文
水に流す	forgive and forget 既往不咎　없었던 일로 하다	過去のことは水に流そう。
棒に振る	waste 断送、白白浪費　헛되게 하다	彼はその事件で人生を棒に振った。
図に乗る	get carried away 得意忘形　우쭐대다	弟はほめられて図に乗っている。
棚に上げる	blind to one's shortcomings 束之高閣　덮어놓다	彼女は自分のことを棚に上げて人を非難する。
羽を伸ばす	let one's hair down 放开手脚、自由自在　느긋하게 행동하다	休みを取って、羽を伸ばしたい。
音を上げる	give up 叫苦　죽는 소리를 하다	練習の厳しさに音を上げた。
さじを投げる	throw in the towel 束手无策　포기하다	回復の見込みがないと医者にさじを投げられた。

p.113の答え：Ⅰ－①b　②a　③b　④b　⑤a　⑥a　Ⅱ－⑦1　⑧4

まとめの問題

制限時間：20分
1問5点×20問
答えは p.118
正解文の読みと解説は別冊 p.13

点数 ／100

問題1　（　　）に入れるのに最もよいものを、1・2・3・4から一つ選びなさい。

1　彼は、芸能界の話題にとても（　　　）。

1　明るい　　　　2　あまい　　　　3　かたい　　　　4　重い

2　彼女は、口は悪いけど（　　）はやさしい人ですよ。

1　種　　　　2　根　　　　3　身　　　　4　実

3　息子は、頭が少し（　　　）。頑固な父親にそっくりだ。

1　かたい　　　　2　軽い　　　　3　あまい　　　　4　強い

4　うまい話に（　　）ように気をつけよう。

1　受けない　　　　2　乗らない　　　　3　すべらない　　　　4　通らない

5　何回も振り込みをすると、手数料が（　　　）。

1　バカになる　　　2　バカにならない　　3　バカをみる　　　4　バカをみない

6　もう遅いので、後は明日に（　　　）今日は帰りましょう。

1　つながって　　　2　回して　　　3　引いて　　　4　通して

7　もう少しスピードを出していたら、大事故に（　　　）ところだった。

1　回る　　　　2　引かれる　　　　3　つながる　　　　4　結ぶ

8　妻は、私が昔、浮気をしたことを、いまだに（　　　）に持っているようだ。

1　根　　　　2　気　　　　3　頭　　　　4　種

9　子どもの学費の支払いでボーナスが（　　　）しまった。

1　送って　　　　2　すべって　　　　3　結んで　　　　4　飛んで

10　親友が詐欺で逮捕されて、とてもショックを（　　　）。

1　持った　　　　2　受けた　　　　3　あたった　　　　4　得た

問題2　次の言葉の使い方として最もよいものを、1・2・3・4から一つ選びなさい。

11 波

1　彼は授業の<u>波</u>に乗って、すらすら答えた。

2　その会社は不況の<u>波</u>を受けて、ついに倒産してしまった。

3　セールスマンの<u>波</u>に乗らないように気をつけてください。

4　台風の被害には<u>波</u>がいろいろある。

12 すべる

1　コップを手で<u>すべって</u>、落としてしまった。

2　つい、のどが<u>すべって</u>しまい、うそがばれてしまった。

3　湖水の上を白鳥が<u>すべる</u>ように泳いでいる。

4　試験の時間に<u>すべる</u>ように、落ち着いてください。

13 通る

1　彼の主張は、一応、筋が<u>通って</u>いる。

2　彼は恋人の肩に手を<u>通した</u>。

3　車で駅まで<u>通って</u>いきましょう。

4　わからなかった問題がやっと<u>通った</u>。

14 飛ぶ

1　扇風機（せんぷうき）で風が<u>飛んで</u>、涼しくなった。

2　暑さで氷が一気に<u>飛んで</u>しまった。

3　年とともに髪の毛が<u>飛んで</u>、はげてきた。

4　ブレーキランプのヒューズが<u>飛んで</u>しまった。

15 明るい

1　彼は、とても責任感の<u>明るい</u>人です。

2　私の父は、世界の地理に<u>明るい</u>。

3　この計算は<u>明るい</u>。

4　おじいちゃん、おばあちゃんは孫に<u>明るい</u>ものだ。

16 ここでは都合が悪いから、別の場所で話そう。

　　1　重い　　　　　2　かたい　　　　　3　あまい　　　　　4　まずい

17 彼は、自分からやめて、後輩に仕事を譲った。

　　1　身を引いて　　2　話をつけて　　　3　調子を下げて　　4　筋を通して

18 手品の仕掛けがばれた。

　　1　波　　　　　　2　道　　　　　　　3　根　　　　　　　4　種

19 わがチームの優勝は間違いないでしょう。

　　1　明るい　　　　2　かたい　　　　　3　強い　　　　　　4　重い

20 授業料のことを考えると憂うつだ。

　　1　頭が重い　　　2　気が重い　　　　3　心にかかる　　　4　思いが強い

復習（p.114〜115）の答え：
1日目　1. c　2. b　2日目　1. a　2. b　3日目　1. c　2. c
4日目　1. a　2. c　5日目　1. b　2. a　6日目　1. c　2. c

まとめの問題（p.116〜118）の答え：
問題1　1 1　2 2　3 1　4 2　5 2　6 2　7 3　8 1　9 4　10 2
問題2　11 2　12 3　13 1　14 4　15 2
問題3　16 4　17 1　18 4　19 2　20 2

まとめて覚えよう①

まとめて覚えよう①

カタカナ①

おぼえよう　省略に注意

ハイテク	わが国はハイテク産業に力を入れている。	Our country puts a lot of effort and money into high-technology industries. 我国加大尖端技术产业的力度。　우리 나라는 하이테크산업에 힘을 쏟고 있다.	
リストラ	不景気でリストラされる	get laid off in bad economy 因不景气而下岗 불경기로 구조조정 당하다	＊日本語では会社の経営改革などのために会社をやめさせられることを「リストラされる」という。 けいえいかいかく
コネ	コネを使う	use one's connection 用关系　연줄을 사용하다	
セクハラ	セクハラを受ける	be sexually harassed 受到性骚扰　성희롱을 받다	＊日本語訳は「性的いやがらせ」 やく　せいてき
パワハラ	パワハラを受ける	be harassed in the workplace 受到权力骚扰　상사에게 괴롭힘을 당하다	
マザコン	彼はマザコンだ。	He is a mama's boy. 他有恋母情结。　그는 마더콤플렉스이다.	
ファザコン	彼女はファザコンだ。	She is a papa's girl. 她有恋母情结。　그녀는 파더콤플렉스이다.	
ゼネコン	大手ゼネコン	a major construction firm 大型综合建筑公司　큰 종합건설회사	
	ゼネコン業界 ぎょうかい	a construction industry 建筑行业　종합건설업계	
プレゼン	会議でプレゼンをする	present one's plan/work in a meeting 在会议上发表　회의에서 프리젠테이션을 하다	＊プレゼンテーションとも言う。
バイオ	バイオ研究	biotechnology research 生物研究　바이오 연구	＊バイオテクノロジーとも言う。
ハンデ	ハンデを克服する こくふく	succeed in spite of having a handicap 克服不利条件　불리한 조건을 극복하다	
	ハンデをもらう	be given an advantage for a game 给优秀者加码　불리한 조건을 받다	
マンネリ	マンネリ化する	get into a rut 因循守旧　매너리즘화 하다	＊何度も繰り返されて新鮮さを失うという意味に使われる。 なんど　く　かえ　しんせん　うしな
	マンネリに陥る おちい	get stuck in a rut 陷入千篇一律的套路　매너리즘에 빠지다	
エコ	エコ生活	eco-friendly lifestyle　环保生活　친환경 생활	
	エコグッズ	eco-friendly products　环保商品　친환경 상품	
	エコカー	eco-friendly car　环保车　친환경 자동차	
ギャラ	ギャラが安い。	The guarantee is low.　报酬低。　봉급이 싸다.	
インテリ	彼はインテリだ。	He's an intellectual.　他是知识分子。　그는 지식층이다.	
セレブ	セレブな生活	celebrity life　名流生活　호화로운 생활	

もっと おぼえよう　発音や意味に注意

切手**マニア**	serious stamp collector 集邮迷　우표광	鉄道**マニア**	those who are crazy about trains 铁路迷　철도광
電気**ドリル**	a electric drill 电钻　전기드릴	学習**ドリル**	workbook 学习训练　학습드릴
レントゲンを撮る	have an X-ray taken 拍 X 光片　뢴트겐을 찍다	**ピンセット**でつまむ	pick it up with a pair of tweezers 用镊子夹　핀셋으로 집다
シックなデザイン	chic/stylish design 时髦的设计　세련된 디자인	**ガーゼ**を当てる	put gauze on ... 贴上纱布　가제를 대다
アフターサービス	after-sales service　售后服务 애프터서비스	**アフターケア**	aftercare, after-sales service 病后调养 애프터케어
時間に**ルーズ**な人	a person who is not punctual 没有时间观念的人　시간에 느슨한 사람	話が**スムーズ**に進む	the plan develops smoothly 谈话顺利进展　이야기가 스무드하게 진행되다
資金**カンパ**	a financial contribution 募集资金　자금 모금	一人 500 円ずつ**カンパする**	contribute 500 yen each 每人募集 500 元　한사람 500 엔씩 모금하다
ハイネック タートルネック	a high-necked shirt/sweater, a turtleneck shirt/sweater 高领衫, 圆领衫 하이넥, 터틀넥	予算が**ネックに なっている**	be not possible due to a budgetary deficit　预算成为瓶颈 예산이 장애가 되어 버리고 있다
後継者に**バトンタッチ**する		pass the baton to a successor 向后任者递交接力棒　후계자에 배턴 터치하다	
ホースで庭に水をまく		water the garden with a hose 用胶皮管往院子里洒水　호스로 정원에 물을 뿌리다	

練習 I 正しいほうに○を付けなさい。

① 彼が（a. カンニング　b. マンネリ）したのは明白だ。

② 会議でモニターを使って（a. カンパ　b. プレゼン）をした。

③ これは、（a. エコ　b. バイオ）の技術を利用して作った害虫に強い野菜です。

④ 会社を（a. セクハラ　b. リストラ）されたらどうしよう。

⑤ 彼は時間に（a. スムーズ　b. ルーズ）な人間だ。

⑥ エコカーには（a. ゼネコン　b. ハイテク）技術がたくさん使われている。

練習 II（　　）にはどれが入りますか。一つ選びなさい。

⑦ いいマンションだが、交通の便の悪さが（　　　）になって、なかなか借り手がいない。

　　1　タートルネック　　　2　シック　　　　　3　ネック　　　　　4　ハンデ

⑧ ハリウッドスターの（　　　）はとても高い。

　　1　ハンデ　　　　　　2　プレゼン　　　　　3　コネ　　　　　　4　ギャラ

▶答えは p.123、正解文の読みは別冊 p.14

カタカナ②

学習日　　月　日（　）

Q.（　　）に入るのは？
これは、（　　）な素材で
できているので、扱い（あつか）に
注意してください。

おぼえよう　使い方に注意

アットホーム（な）	アットホームな雰囲気（ふんいき）のレストラン	a cozy restaurant 具有（家庭似的）舒适氛围的饭店　가정적인 분위기의 레스토랑
ラフ（な）	ラフ（＝カジュアル）な服装	a casual outfit 休闲服　케쥬얼한 복장
	ラフな図面	a rough draft 草图　꼼꼼하지 못한 도면
ソフト（な）	ソフトな話し方	a gentle way of speaking 柔和的说话方式　부드러운 말투
	ソフト（＝ソフトウェア）	software　软件　소프트웨어
タイト（な）	タイトスカート	a tight/straight skirt　西服裙　타이트스커트
	タイトなスケジュール	a tight schedule　紧张的日程安排　타이트한 스케줄
シャープ（な）	シャープな画像	a clear picture　清晰的图像　샤프한 화상
	シャープな頭脳	a sharp mind　敏锐的头脑　예리한 두뇌
デリケート（な）	デリケートな神経	being easily upset/oversensitive 敏感的神经　섬세한 신경
	デリケートな問題	a delicate issue 微妙的问题　섬세한 문제
セキュリティー	セキュリティーがしっかりしている	have tight security 保安系统完备　보안이 확실하다
エスカレーター	エスカレーター式（＝入学試験なしに）に進学できる学校	multilevel school where students can move freely to the next level without further screening　（不用考）能直接升学的学校 에스컬레이터식으로 진학할 수 있는 학교
ノルマ	仕事のノルマをこなす	fulfill one's quota 完成工作定额　일의 노르마를 해 내다
ブレイク（する）	コーヒーブレイク	a coffee break 茶点休息时间　커피 브레이크
	その曲は去年大ブレイクした。	The song was a monster hit last year. 那首曲子去年非常流行。그 곡은 작년에 크게 유행했던 곡이다.
トラウマ	子どもの頃（ころ）の体験がトラウマになる。	be traumatized by a childhood experience 儿时的体验成了我心灵的创伤 아이 때의 체험이 정신적인 외상이 되다
ゲット（する）	それ、どこでゲットしたの？	Where did you get that? 这是从哪儿弄到手的？그것, 어디에서 얻었니？
アルコール	私はアルコールは全くだめです。	I can't drink alcohol. 我一点也不能喝酒。나는 알코올은 전혀 안됩니다.
オファー（する）	オファーが来る	be offered ...　报价单来了　오퍼가 오다
ブランド	ブランド品	designer goods　名牌　명품
オプション	市内観光はオプションになっている。	The city tour is optional. 市内观光是可以选择的一项。 시내 관광은 옵션으로 되어 있다.

テンション	テンションが上がる	one's excitement level goes up 緊張加剧 텐션이 올라가다
プレッシャー	プレッシャーがかかる	be pressured 受到压力 압력이 가해지다
ギャップ	世代間のギャップ	a generation gap 不同年代人之间的代沟 세대간의 갭
バブル	バブル(経済)がはじける	the bubble bursts 泡沫（经济）崩溃 버블경제가 터지다
ストーカー	ストーカーに悩む	be stalked 苦恼于跟踪狂的骚扰 스토커에 고민하다
エリート	エリート社員	an elite employee 精英社员 엘리트 사원
リフォーム	家をリフォームする	remodel a house 翻新房子 집을 리모델링하다
バリアフリー	バリアフリーの家	a barrier-free house 无障碍的房子 문 턱이 없는 집
ニート		a NEET (a person not in employment, education or training) 在家待业不上班的人 학교도 가지 않고 직업, 훈련도 받지 않는 젊은이

練習 I 正しいほうに○を付けなさい。

① 彼女は、顔と声にずいぶん （a. シャープ　b. ギャップ） があるね。

② （a. バブルがはじけて　b. ブレイクして）、経済は落ち込んだ。

③ （a. タイトな　b. ラフな） 格好で行ってもいいでしょうか。

④ 優勝のかかった最後の試合だから、かなりの （a. トラウマ　b. プレッシャー） だ。

⑤ （a. セキュリティー　b. アフターサービス） 対策は十分にしてあります。

⑥ ふかふかで （a. アットホーム　b. ソフト） な肌触りの毛布を買った。

練習 II （　　） にはどれが入りますか。一つ選びなさい。

⑦ 新型の車両は、より （　　　） なデザインになった。

　　1　シャープ　　　　　2　エリート　　　　3　タイト　　　　4　ラフ

⑧ （　　　） があまりにもきつかったので、営業の仕事をやめました。

　　1　オファー　　　　　2　ノルマ　　　　　3　ストーカー　　　4　トラウマ

▶答えは p.125、正解文の読みは別冊 p.14

p.121 の答え：I－①a　②b　③b　④b　⑤b　⑥b　　II－⑦3　⑧4

カタカナ③

Q. 何と言う？
大学の単位を落として、
一年（　　）しまった。

おぼえよう　日本でできたカタカナ語

オイルショック	an oil crisis 石油危机 오일 쇼크	ゴールデンタイム	prime time 黄金时间 골든타임
オーダーメイド	custom-made 定做 오더 메이드	バージョンアップ(する)	upgrade 版本升级 버전 업
グレードアップ(する)	upgrade, improve 升级 그레이드 업	ヘルスメーター	a scale　家庭用体重计 체중계
ペアルック	matching clothes 情侣装 페어 룩	ソーラーシステム	solar (heating) system 太阳能系统 솔라 시스템
ベッドタウン	a bedroom town 市郊住宅区 베드타운	リップサービス(する)	pay lip service 口惠（而实不至） 립서비스
サラ金(きん)	a loan shark 无抵押小额信贷 소비자 금융	アダルトサイト	an adult site 成人网站 성인 사이트
ユニットバス	a modular bath 整体浴室 세면기와 욕조, 변기가 같이 들어 있는 목욕탕		

ワンパターン(な)	ワンパターンな人間　a person with a one-track mind 千篇一律的人 원패턴인 인간	＊変化(へんか)がなく、面白(おもしろ)みがないこと
フリーター	job-hopping part-time worker 自由职业者 프리터	＊正社員(せいしゃいん)ではなく臨時的(りんじてき)に雇(やと)われて働いている人
Uターン(する)	車をUターンさせる　make a U-turn 汽车调头 차를 U턴 시키다	
	Uターン現象　the phenomenon of many people returning to live in their home towns　返乡现象 U턴현상	＊都会(とかい)に出た人が故郷(こきょう)に戻(もど)ることを言う。
プラスアルファ ＊＋αと書くことも多い。	報酬(ほうしゅう)は10万円プラスアルファになるだろう。	Your pay will be 100,000 yen and a little more. 报酬是10万日元再加上若干其他的。 보수는 10 만엔 플러스 알파가 될 것이다.
ペーパードライバー	私はペーパードライバーです。	I have a driver's license but don't drive. 我有驾照却不开车。 나는 페이퍼 드라이버입니다.
スリーサイズ	＊バスト・ウェスト・ヒップの3つの部分(ぶぶん)の寸法(すんぽう) three measurements for bust, waist, and hip　三围 여성의 가슴, 허리, 엉덩이의 사이즈.	
サイドビジネス （＝副業(ふくぎょう)）	その俳優(はいゆう)はサイドビジネスでレストランを経営している。	The actor runs a restaurant on the side. 那个演员副业经营饭店。 그 배우는 사이드비지니스로 식당을 경영하고 있다.
プラス ↕マイナス	物事をプラスに考える	think positively　事情朝积极方面考虑 사물을 플러스로 생각하다
	収支がマイナスになる	the balance shows a deficit 收支为负　수지가 마이너스가 되다
	マイナス材料	adverse factor 负面材料 마이너스 재료
ゴールイン(する)	1着でゴールインする	come in first 第一名冲到终点　일등으로 골인하다
	彼らは来春ゴールインする。	They will get married in the spring next year. 他们明年春天就要结婚了。 그들은 내년 봄 골인한다.

満タン まん	ガソリンを満タンにする	fill up the tank 油箱装满汽油　가솔린을 가득 채우다
ダブる	文字がダブって（＝重なって）見える	letters look blurry 看上去字重叠了　문자가 겹쳐서 보이다
	単位を落としてⅠ年ダブる（＝留年する） りゅうねん	repeat a grade as a result of failing a course 学分不够，又留级一年　학점을 못 따서 1년 낙제하다
	＊ダブル（double）を動詞化した語	
サボる	仕事をサボる	not show up at work without a proper reason 工作偷懒　일을 게을리하다
キレる	彼は突然キレて、怒り出した。	He suddenly lost his temper and got very upset. 他突然急了，大发雷霆。그는 돌연히 폭발해 화를 냈다
	＊人が突然、感情的になって何をするか分からないような状態になることを言う。 じょうたい	
ヤバい	ヤバい仕事（＝危ない）	a dubious job 危险（不正当）的工作　위험한 일
	時間に遅れるとヤバい（＝まずい、困る）	I'll be in trouble if I am late. 如果迟到，那就麻烦了。시간에 늦으면 위험하다.
ドジる〈俗語〉 ぞくご	ドジを踏む（＝危ない）	making a blunder 搞砸、失败　얼빠진 실수를 하다 → ドジ(N)

練習 **Ⅰ** 正しいほうに○を付けなさい。

① 注意したら、彼は突然（a. キレた　b. サボった）。

② ぼくは、自分の英語力を（a. プラスアルファ　b. グレードアップ）したい。

③ スリーサイズを計って（a. ワンパターン　b. オーダーメイド）のスーツを作った。
はか

④ 私は不運な経験が多いせいか、物事を（a. プラス　b. マイナス）に考えられなくなっています。

⑤ 彼女が2歳年下の医師と来春（a. Uターン　b. ゴールイン）するという記事が雑誌に載っていた。
の

⑥ 私は休日に、本業とは全く別の（a. フリーター　b. サイドビジネス）をしています。

練習 **Ⅱ** （　　）にはどれが入りますか。一つ選びなさい。

⑦ ご購入いただいた方には、さらに（　　　）の特典が付きますよ。
こうにゅう　　　　　　　　　　　　　　とくてん

　　1　ゴールデンタイム　　2　プラスアルファ　　3　ゴールイン　　　　4　リップサービス

⑧ 3人に2人は、同じ本を（　　　）買ってしまったという経験があるそうだ。

　　1　ダブって　　　　　2　マジで　　　　　　3　キレて　　　　　4　サボって

▶答えは p.127、正解文の読みは別冊 p.14

p.123の答え：Ⅰ－①**b**　②**a**　③**b**　④**b**　⑤**a**　⑥**b**　　Ⅱ－⑦**1**　⑧**2**

まとめて覚えよう①

組み合わせの言葉①
（く・あ・こと・ば）

おぼえよう

見出し語	例文	意味・訳	関連
受け継ぐ（う・つ）	財産を受け継ぐ	inherit property 継承財产　재산을 이어받다	
受け入れる（う・い）	提案を受け入れる	accept a proposal 接受提议　제안을 받아 들이다	➡受け入れ（N）（う・い）
受け止める（う・と）	ボールを受け止める	catch a ball 接住球　공을 받다	
	事実を受け止める	accept reality 接受事实　사실을 받아 들이다	
取り締まる（と・し）	交通違反を取り締まる	exercise strict control over traffic regulation violations　严厉管束交通违规　교통위반을 단속하다	➡取り締まり（N）（と・し）
取り次ぐ（と・つ）	電話を取り次ぐ	take a message on the phone 转接电话　전화를 연결하다	➡取り次ぎ（N）（と・つ）
取り戻す（と・もど）	盗まれた宝石を取り戻す	retrieve stolen jewelry 取回被盗的宝石　도둑맞은 보석을 되돌리다	
	遅れを取り戻す	catch up 挽回延误的时间　늦은 것을 되돌리다	
取り囲む（と・かこ） 取り巻く（と・ま）	記者が首相の周りを取り囲む。	The press people surround the prime minister. 记者围在首相四周　기자가 수상의 주위를 둘러싸다.	
取り調べる（と・しら）	容疑者を取り調べる	interrogate a suspect 调查嫌疑犯　용의자를 조사하다	➡取り調べ（N）（と・しら）
取り立てる（と・た）	税金を取り立てる	collect tax 催收税金　세금을 징수하다	➡取り立て（N）（と・た）
取り混ぜる（と・ま）	大小取り混ぜる	mix various sizes 大小混杂　대소 뒤섞다	
取り寄せる（と・よ）	カタログを取り寄せる	order the catalogu　让对方寄来商品目录 카탈로그를 주문해 가져오게 하다	➡取り寄せ（N）（と・よ）
取り引き（する）（と・ひ）	会社と取り引きする	do a business with a company 和公司做贸易　회사와 거래를 하다	
引き起こす（ひ・お）	事件を引き起こす	provoke an incident 引发事件　사건을 일으키다	
引き下げる（ひ・さ）	利率を引き下げる	bring down interest rates 降低利率　이율을 낮추다	↔引き上げる（ひ・あ）
引き立てる（ひ・た）	後輩を引き立てる	try to make one's junior look good 提拔晚辈　후배를 이끌어 주다	
引き継ぐ（ひ・つ）	家業を引き継ぐ	succeed to the family business 继承家业　가업을 이어받다	➡引き継ぎ（N）（ひ・つ）
申し入れる（もう・い）	抗議を申し入れる	protest against ... 提出抗议　항의를 하다	➡申し入れ（N）（もう・い）
申し出る（もう・で）	援助を申し出る	offer aid 申请援助　원조를 자청하다	➡申し出（N）（もう・で）
追い出す（お・だ）	アパートを追い出される	be kicked out of an apartment 被从公寓赶了出来　아파트를 내쫓기다	
追い込む（お・こ）	窮地に追い込まれる	get into an awful predicament 被逼到了窘境　궁지에 몰리다	

立ち寄る（た・よ）	友人の家に立ち寄る	drop by a friend's house 顺便去朋友家　친구집에 들르다	
立ち去る（た・さ）	その場を立ち去る	leave the spot 离开那个地方　그 장소를 떠나다	
打ち明ける（う・あ）	悩みを打ち明ける	tell someone about one's troubles 坦白烦恼　고민을 밝히다	
打ち切る（う・き）	雑誌の販売を打ち切る	discontinue sales of a magazine 停止杂志的销售　잡지의 판매를 중단하다	→打ち切り(N)（う・き）
打ち上げる（う・あ）	ロケットを打ち上げる	launch a rocket 发射火箭　로케트를 발사하다	
→打ち上げ(N)（う・あ）	仕事が終わったから、打ち上げをしよう！	Since we are done with the job, let's have a party. 工作结束了，咱们搞个庆功宴吧。 일이 끝나고 나서 뒷풀이를 하자.	
割り当てる（わ・あ）	仕事を割り当てる	assign work 分配工作　일을 할당하다	→割り当て(N)（わ・あ）
割り込む（わ・こ）	列に割り込む	cut into the line 排队加塞　줄에 새치기하다	
→割り込み(N)（わ・こ）	割り込み乗車	pushing one's way onto the train 加塞上车　새치기 승차	
読み上げる（よ・あ）	名簿（めいぼ）を読み上げる	call the roll 大声朗读名单　명보를 읽다	
読み取る（よ・と）	著者の言いたいことを読み取る	understand the author's intent 领会作者想说的　저자가 말하고 싶은 것을 읽어내다	

練習 I 正しいほうに○を付けなさい。

① 花火を（a. 打ち明けた　b. 打ち上げた）。

② 昨夜、友達に借りていたお金を強引に（a. 取り立てられた　b. 引き立てられた）。

③ 昨日、その通りで酔っ払い（よ・ぱら）運転の（a. 追い出し　b. 取り締まり）をしていた。

④ 北海道から評判（ひょうばん）のチョコレート菓子を（a. 受けとめた　b. 取り寄せた）。

⑤ 友人に悩みを（a. 打ち明けた　b. 申し入れた）。

⑥ 一人の中年女性が列に（a. 割り当て　b. 割り込んで）きた。

練習 II（　　）にはどれが入りますか。一つ選びなさい。

⑦ その選手は事件を起こして、引退に（　　　）。

　　1　受け止められた　　2　打ち切られた　　3　追い込まれた　　4　取り調べられた

⑧ ゴマ油がこの料理の味を（　　　）いる。

　　1　引き上げて　　2　引きもどして　　3　引き起こして　　4　引き立てて

▶答えは p.129、正解文の読みは別冊 p.14

p.125の答え：Ⅰ－①a　②b　③b　④a　⑤b　⑥b　　Ⅱ－⑦2　⑧1

まとめて覚えよう①

組み合わせの言葉②
くあ ことば

おぼえよう

取り込む とこ	洗濯物を取り込む	take in the laundry 收晾晒的衣服 세탁물을 거두어 들이다	画像を取り込む	transfer digital pictures into … 输入图像 화상을 올리다
溶け込む とこ	新しい職場に溶け込む	get used to a new workplace 融入新的工作单位　새로운 직장에 융화되다		
組み込む くこ	予算に組み込む	include it in the budget 纳入预算　예산에 편성하다		
乗り込む のこ	飛行機に乗り込む	board an airplane 乘坐飞机　비행기를 타다	敵地に乗り込む てきち	go into the enemy's territory 进入敌军阵地 적지에 들어가다
踏み込む ふこ	アクセルを踏み込む	step on the accelerator 踩油门　액셀을 힘껏 밟다		
	他人の家庭事情に踏み込む	involve oneself in someone's family affairs 干预别人的家庭问题　타인의 가정사정에 파고 들다		
放り込む ほうこ	新聞を放り込む	throw a newspaper in … 粗暴地扔报纸　신문을 던져 넣다		
	刑務所に放り込まれる けいむしょ	be sent to prison 被投入监狱　형무소에 넣어지다		
打ち込む うこ	パソコンにデータを打ち込む	input data to the (personal) computer 把资料输入电脑　컴퓨터에 데이터를 써 넣다		
	仕事に打ち込む	put one's heart and soul into one's work 热衷于工作　일에 몰두하다		
買い込む かこ	缶詰を買い込む	stock canned food 大量购买罐头　캔을 사 들이다		
引っ込む ひこ	田舎に引っ込む いなか	withdraw to the countryside 退居农村　시골에 이사하다		
落ち込む おこ	成績が落ち込む	grades get worse 成绩下降　성적이 떨어지다		
	試合に負けて落ち込む	feel depressed after losing a game 比赛输了，情绪低落　시합에 져서 낙담하다		
持ち込む もこ	飲食物をホテルに持ち込む	bring food into a hotel room 把饮料带到酒店　음식물을 호텔에 가지고 가다	→持ち込み(N) もこ	
	苦情を持ち込む	file a complaint 带来怨言　불평을 해 오다		
飲み込む のこ	つばを飲み込む	swallow saliva 咽口水　침을 삼키다	こつを飲み込む	get the hang of it 领会技巧　요령을 이해하다
抜け出す ぬだ	会社を抜け出す	slip out of the office 偷偷溜出公司　회사를 빠져 나오다		
投げ出す なだ 放り出す ほうだ	事故で車から投げ出される じこ	get thrown from a car in an accident 因事故，被从车里抛出去了　사고로 차에서 내 던져지다		
	仕事を中途で放り出す	quit in the middle of the task 中途抛下工作　일을 도중에 내 던지다		
逃げ出す にだ	その場から逃げ出す	run away from … 逃离现场　그 장소에서 도망가다		

突っ張る （つっぱ）	筋肉が突っ張る （きんにく）	have cramps 肌肉僵硬　근육이 당기다
出っ張る （てっぱ）	腹が出っ張る	belly sticks out 肚子突出　배가 나오다
振り返る （ふ　かえ）	後ろを振り返る（＝振り向く） （む）	look over one's shoulder 回头看　뒤를 돌아 보다
	少年時代を振り返る（≠振り向く）	look back on one's childhood 回顾少年时代　소년 시절을 회고하다
折り返す （お　かえ）	袖を折り返す （そで）	turn one's sleeves up 挽袖子　소매를 접어 올리다
	折り返し、お電話いたします。	I'll call you back. 马上给您电话。即時 전화를 하겠습니다.
かき回す （まわ）	砂糖を入れてコーヒーをかき回す（＝かき混ぜる） （さとう）（ま）	mix sugar into one's coffee 放入砂糖后搅拌咖啡　설탕을 넣어 커피를 젓다
	彼のせいで会議がかき回された。（≠かき混ぜる）	The meeting was thrown into chaos because of him. 因为他，会议被搅乱了。 그의 탓으로 회의가 혼란을 야기하다.
埋め立てる （う　た）	海を埋め立てる	reclaim land from the sea 填海　바다를 매립하다
かみ切る （き）	この肉は固くてかみ切れない。	This meat is so tough that I can't bite through it. 这肉硬，咬不动。이 고기는 딱딱해 씹을 수가 없다.

練習 Ⅰ 正しいほうに○を付けなさい。

① 首相は政権を途中で（a. 抜け出した　b. 投げ出した）。

② （a. 出っ張った　b. 突っ張った）釘で服が破けてしまった。
　　　（で　ぱ）　　　　（つ　ぱ）　　（くぎ）

③ 売り上げがどんどん（a. 引っ込んで　b. 落ち込んで）いる。

④ 名前を呼ばれて（a. 折り返したら　b. 振り返ったら）、山田さんだった。

⑤ ガムを口に（a. 持ち込んだ　b. 放り込んだ）。

⑥ 夜中にこっそり家を（a. 抜け出して　b. 放り出して）、遊びに行った。

練習 Ⅱ （　　）にはどれが入りますか。一つ選びなさい。

⑦ 彼は、ギターの練習に（　　　）いる。

　　1　組み込んで　　　　2　取り込んで　　　　3　溶け込んで　　　　4　打ち込んで

⑧ このあたりは、海を（　　　）作った土地だ。

　　1　埋め立てて　　　　2　埋め入れて　　　　3　乗り込んで　　　　4　乗り入れて

▶答えは p.131、正解文の読みは別冊 p.14

p.127 の答え：①b　②a　③b　④b　⑤a　⑥b　　Ⅱ－⑦3　⑧4

まとめて覚えよう①

組み合わせの言葉③

おぼえよう

差し出す（さ・だ）	名刺を差し出す	give a name card 递名片　명함을 내밀다	➡差出人（さしだしにん）sender　寄信人　발송인
差し引く（さ・ひ）	給料から税金を差し引く	deduct tax from monthly pay 从工资里扣除税金　급료에서 세금을 빼다	
➡差し引き（N）（さ・ひ）	差し引きゼロ	what I spent and what I received cancel each other out 互相抵消　빼어서 영	
差し支える（さ・つか）	夜更かしは翌日の仕事に差し支える。	Staying up late affects one's work the following day. 熬夜会影响第二天的工作。 밤늦게까지 깨 있는 것은 다음날 일에 지장을 초래한다.	
寄りかかる（よ）	壁に寄りかかる（かべ）	lean against a wall 靠在墙上　벽에 기대다	
寄り添う（よ・そ）	寄り添って座る	sit together 紧挨着坐　바싹 달라 붙어 앉다	
寄せ集める（よ・あつ）	ごみを寄せ集める	gather garbage 收集垃圾　쓰레기를 모으다	➡寄せ集め（N）（よ・あつ）
押し切る（お・き）	反対を押し切る	reject an objection 不顾反对　반대를 무릅쓰고 나가다	
押し込む（お・こ）	乗客を電車に押し込む	push passengers into a train 把乘客推进电车　승객을 전차에 밀어 넣다	
押し寄せる（お・よ）	波が押し寄せる	waves sweep toward ... 波浪涌过来　파도가 밀려오다	
成り立つ（な・た）	交渉が成り立つ（こうしょう）	a negotiation is concluded 谈判成立　교섭이 이루어 지다	
	経営が成り立たない	the business is unprofitable 经营无法维持　경영이 유지 되지 않다	
	この会は30人のメンバーから成り立っている。	This group consists of 30 members. 这个会由三十名成员构成。 이 모임은 30인의 멤버로 구성되어져 있다.	
出直す（で・なお）	また出直して参ります。	I'll come again some other time. 改日再来。　또 다시 오겠습니다.	
	一から出直す	start all over again 从头再来　하나부터 다시하다	➡出直し（N）（で・なお）
使いこなす（つか）	3ヵ国語を使いこなす	have a command of three languages 熟练掌握三国语言　3개국어를 사용해 내다	
たどり着く（つ）	頂上にたどり着く	reach the summit 好不容易走到山顶　정상에 도착하다	
結び付く（むす・つ）	努力が成功に結び付く（せいこう）	effort is rewarded with success 努力会带来成功　노력이 성공에 연결되다	➡（～を）結び付ける（むす・つ）
着飾る（き・かざ）	着飾ってパーティーに行く	go to a party all dressed up 盛装参加晚会　잘 차려 입고 파티에 가다	
乗っ取る（の・と）	会社を乗っ取る	take over a company 霸占公司　회사를 탈취하다	➡乗っ取り（N）（の・と）
	飛行機を乗っ取る	hijack an aircraft 劫机　비행기를 납치하다	
消し去る（け・さ）	過去を消し去る	erase the past 消除过去　과거를 지우고 흔적이 남지 않게 하다	

言い張る （い　は）	知らないと言い張る（＝言い通す）	insist that one doesn't know anything 坚持说不知道　모른다고 주장하다	
待ち望む （ま　のぞ）	再会の日を待ち望む	long for the day when we'll to see each other again 期盼着再会的日子　재회의 날을 고대하다	
触れ合う （ふ　あ）	心が触れ合う	touch each other's hearts 心心相通　마음이 서로 통하다	➔触れ合い（N） （ふ　あ）
切り替える （き　か）	スイッチを切り替える	flip the switch 切换开关　스위치를 바꾸다	➔切り替え（N） （き　か）
やり遂げる （と）	計画をやり遂げる（＝やり通す）	complete a plan 完成计划　계획을 완수하다	
備え付ける （そな　つ）	教室にテレビを備え付ける	install a TV in a classroom 教室里装上电视　교실에 텔레비전을 설치하다	➔備え付け（N） （そな　つ）
呼び止める （よ　と）	見知らぬ人に呼び止められる	be stopped by a stranger 被素不相识的人叫住　모르는 사람이 불러세우다	
盛り上がる （も　あ）	腕の筋肉が盛り上がる （きんにく）	one's arm muscles bulge 胳膊上的肌肉鼓起来了　팔 근육이 불거져 나오다	
	宴会が盛り上がる （えんかい）	party becomes more lively 宴会气氛高涨　연회가 고조되다	

練習 Ⅰ 正しいほうに○を付けなさい。

① 彼は、絶対やってないと （a. 言い込んだ　b. 言い張った）。
（は）

② 詐欺にあって、店を （a. 乗っ取られた　b. 差し出された）。
（さ　ぎ）

③ イルカが2匹、仲良く （a. 寄せ集めて　b. 寄り添って）泳いでいる。
（よ　そ）

④ 開店したら、大勢のお客さんが （a. 押し込んで　b. 押し寄せて）きた。

⑤ 彼は、医師の忠告を （a. 押し切って　b. 言い張って）試合に出た。
（ちゅうこく）　　　　　　　　　　　　　（い　は）

⑥ 客がいなければ商売は （a. 待ち望めない　b. 成り立たない）。

練習 Ⅱ （　　）にはどれが入りますか。一つ選びなさい。

⑦ ついに問題集を丸々一冊 （　　　）。

　　1　寄せ集めた　　　　2　たどり着いた　　　3　やりとげた　　　4　盛り上がった
　　　　　　　　　　　　　　　　　　　　　　　　　　　　　　　　　　　　　　（も）

⑧ 気持ちを （　　　）、さあ、また一から出直しだ。

　　1　使いこなして　　　2　切り替えて　　　3　消し去って　　　4　折り返して

▶答えは p.133、正解文の読みは別冊 p.14 〜 15

p.129 の答え：Ⅰ－①b　②a　③b　④b　⑤b　⑥a　　Ⅱ－⑦4　⑧1

まとめて覚えよう①

復習＋もっと

学習日　　月　日（　）

Q. 説明に最も合う言葉を、a・b・c から一つ選びなさい。（答えは p.136）

1日目　▶p.120,121

1．商品を購入したあとの顧客をフォローするために提供すること
　　a　ケアプラン　　　　b　ケアサービス　　　　c　アフターサービス

2．ある物事に熱中している人
　　a　インテリ　　　　b　マニア　　　　c　マンネリ

2日目　▶p.122,123

1．映像などが鮮明に映っている様子
　　a　スムーズな　　　　b　シャープな　　　　c　デリケートな

2．特定の個人に一方的な恋愛感情や恨みを持って、しつこく追いかけたりする人
　　a　ストーカー　　　　b　ニート　　　　c　フリーター

3日目　▶p.124,125

1．もう少し付け加えること、またその付け加えられたものを表す
　　a　グレードアップ　　　　b　オプション　　　　c　プラスアルファ

2．落第して留年する
　　a　キレる　　　　b　ダブる　　　　c　サボる

4日目　▶p.126,127

1．「勢いよく上げる」という意味から来て、仕事などの終わりを祝う会のこと

 a　打ち上げ b　引き上げ c　追い上げ

2．前の人が残した仕事などを引き受けて行う

 a　取り次ぐ b　引き立てる c　引き継ぐ

5日目　▶p.128,129

1．一つのことに心を集中させる

 a　乗り込む b　打ち込む c　突っ張る

2．例えば団体や会議などを、混乱させたり、もめ事を生じさせたりする

 a　踏み込む b　かき回す c　放り出す

6日目　▶p.130,131

1．何かをすることによって、他の物事の進行の妨げになるようなことが起こる

 a　差し支える b　押し切る c　たどり着く

2．もう一度最初に戻って、改めてやる

 a　やりとげる b　切り替える c　出直す

もっと覚えよう　＊元が英語ではないカタカナ語＊

フランス語から…仏　　ドイツ語から…独　　オランダ語から…蘭
英語を元にして作った日本でできた語…日　＊和製英語と言う

仏	アンケート	survey 问卷调查 설문조사	ジャンル	genre 类型、风格、流派 장르	オードブル　appetizer 冷盘、拼盘 오르되브르
独	カルテ	medical chart 病历 진료차트	ノイローゼ	nervous breakdown 神经衰弱 노이로제	カプセル　capsule 胶囊 캡슐
蘭	ポンプ	pump 泵 펌프	カテゴリー	category 类别 카테고리	コック　cook 厨师 요리사
日	ナイター	night game 夜场比赛 야간 경기	コンセント	outlet 插座 콘센트	ベビーカー　stroller 婴儿车 유모차
	パトカー	police car 巡逻车 경찰차	モーニングコール	wake-up call 叫醒电话 모닝콜	レトルト　boil-in-the-bag food 软罐头 (食品) 레토르트 식품

p.131の答え：Ⅰ－①b　②a　③b　④b　⑤a　⑥b　Ⅱ－⑦3　⑧2

まとめて覚えよう①

まとめの問題

制限時間：20分
1問5点×20問
答えは p.136
正解文の読みと解説は別冊 p.15 〜 16

点数
／100

問題1　（　　）に入れるのに最もよいものを、1・2・3・4から一つ選びなさい。

1 そのバンドは、デビュー 10 年目で（　　　）した。

  1　トラウマ　　　　2　ブランド　　　　3　リストラ　　　　4　ブレイク

2 私は、ふだんお酒を飲むと（　　　）があがるが、今日はまったく気分がよくならない。

  1　テンション　　　2　プレッシャー　　3　ギャップ　　　　4　グレード

3 警察は誘拐犯と、人質を解放させるための（　　　）をした。

  1　取り締まり　　　2　取り調べ　　　　3　取り引き　　　　4　引き立て

4 人気番組もあまり長く続くと（　　　）化してくるものだ。

  1　マニア　　　　　2　セレブ　　　　　3　マイナス　　　　4　マンネリ

5 最近の携帯電話は機能が多くて、全部を（　　　）のは大変です。

  1　備え付ける　　　2　使いこなす　　　3　取り調べる　　　4　成り立つ

6 今週はスケジュールが（　　　）なので、映画に行くのは来週にしよう。

  1　デリケート　　　2　タイト　　　　　3　マイナス　　　　4　ラフ

7 お近くにお越しの際は、ぜひ（　　　）ください。

  1　お申し入れ　　　2　お立ち寄り　　　3　お持ち込み　　　4　お取り寄せ

8 そのマラソン選手は、なぜか中間地点を（　　　）ところでコースを外れた。

  1　たどり着いた　　2　やりとげた　　　3　折り返した　　　4　踏み込んだ

9 彼が変なことを言って（　　　）ので、楽しいパーティーが台無しになった。

  1　差し支えた　　　2　取り込んだ　　　3　かみ切った　　　4　かき回した

10 予算が（　　　）になって、その企画は会議を通らなかった。

  1　ネック　　　　　2　ルーズ　　　　　3　シャープ　　　　4　ノルマ

問題2　次の言葉の使い方として最もよいものを、1・2・3・4から一つ選びなさい。

11 持ち込む

1　それは日本に<u>持ち込む</u>ことはできないんじゃないの。

2　パソコンに音符を<u>持ち込んで</u>作曲をした。

3　苦い薬を無理やり口に<u>持ち込んだ</u>。

4　バナナやミカンをバッグに<u>持ち込んで</u>、旅に出かけた。

12 トラウマ

1　彼は、上司の<u>トラウマ</u>が原因で出世できなかった。

2　すぐに落ち込むのは、<u>トラウマ</u>になるからだ。

3　私は、震災（しんさい）で被害を受けたことが<u>トラウマ</u>になっている。

4　小さいころの<u>トラウマ</u>がいい状況になってきました。

13 ハンデ

1　大学での研究は、<u>ハンデ</u>がついたのでスムーズに進んでいない。

2　彼は体が不自由であるという<u>ハンデ</u>を乗り越えて、国立大学に合格した。

3　プロの彼には<u>ハンデ</u>をあげたほうがいいよ。

4　彼女の考え方は<u>ハンデ</u>があるので、あまり参考にならない。

14 取り戻す

1　住民たちは、災害を<u>取り戻して</u>、立ち直った。

2　父が意識を<u>取り戻して</u>、また話ができることを願っています。

3　事件の内容をじっくり<u>取り戻して</u>みた。

4　病気の症状がいくらか<u>取り戻して</u>きた。

15 ギャップ

1　最近の不況で、ついに<u>ギャップ</u>ができてしまった。

2　年をとったせいか、最近の若者との<u>ギャップ</u>を感じる。

3　天候の<u>ギャップ</u>を気にしないで、日夜練習に励んだ。

4　あなたと私の<u>ギャップ</u>の違いに驚いてしまった。

16 新型の車のデザインを<u>おおまかに</u>手書きで書いてみました。

    1　ラフに　　　　　2　ソフトに　　　　　3　シャープに　　　　4　デリケートに

17 彼は病気で入院していたので、一年<u>留年した</u>。

    1　ドジった　　　　2　サボった　　　　　3　ダブった　　　　　4　キレた

18 始まったばかりのドラマがもう<u>終了</u>になってしまった。

    1　取り戻し　　　　2　引き下げ　　　　　3　打ち切り　　　　　4　投げ出し

19 デパートの開店と同時に、客が<u>どっと</u>入ってきた。

    1　押し寄せて　　　2　寄り添って　　　　3　乗っ取って　　　　4　盛り上がって

20 彼女に新しいドラマへの出演の<u>オファー</u>が来た。

    1　引き立て　　　　2　受け入れ　　　　　3　引き継ぎ　　　　　4　申し入れ

復習（p.132〜133）の答え：
|1日目| 1. c　2. b　|2日目| 1. b　2. a　|3日目| 1. c　2. b
|4日目| 1. a　2. c　|5日目| 1. b　2. b　|6日目| 1. a　2. c

まとめの問題（p.134〜136）の答え：
問題1　|1|4　|2|1　|3|3　|4|4　|5|2　|6|2　|7|2　|8|3　|9|4　|10|1
問題2　|11|1　|12|3　|13|2　|14|2　|15|2
問題3　|16|1　|17|3　|18|3　|19|1　|20|4

まとめて覚えよう②

まとめて覚えよう②

似ている言葉①
にことば

おぼえよう

心がける こころ	安全運転を心がける	try to drive safely 注意安全驾驶　안전운전에 유의하다	➡ 心がけ(N) こころ
心得る こころえ	自分の立場を心得る	understand where you stand 明白自己的立场　자신의 입장을 이해하다	
	作法を心得ている	have manners 领会方法　예의범절을 잘 알고 있다	➡ 心得(N) こころえ
ゆがむ	ネクタイがゆがんでいる	one's tie is crooked 领带歪了　넥타이가 비뚤어져있다	
	彼は性格がゆがんでいる。	He's got a warped mind. 他性格扭曲。　그는 성격이 비뚤어져있다.	
ねじれる	コードがねじれている	electrical cords are tangled up 电线乱成一团　코드가 꼬여 있다	
こじれる	交渉がこじれる こうしょう	negotiations have become complicated 交涉不顺利　교섭이 뒤틀리다	
ほどける	リボンがほどける	bow comes untied 彩带松开了　리본이 풀리다	
ほころびる	スカートの裾がほころびている。 すそ	The hem of the skirt is coming down. 裙子下摆开线了。　스커트의 옷자락이 풀려있다.	
にじむ	雨でハガキの字がにじむ	rain smudges the ink on the postcard 因雨水明信片上的字花了　비로 엽서 글자가 번지다	
	涙がにじむ	one's eyes are filled with tears 流出泪水　눈물이 번지다	
しみる	煙が目にしみる	smoke gets into one's eye 烟熏痛眼睛　연기가 눈에 스며들다	
	シャツに汗が染みる し	sweat soaks through a shirt 汗水渗透衬衣　셔츠에 땀이 스며들다	
しなびる	野菜がしなびる	leafy vegetables wilt 蔬菜蔫了　야채가 시들다	
かれる	木が枯れる	a tree dies　树木枯萎　나무가 마르다	
	声がかれる	one's voice becomes hoarse 声音嘶哑　목소리가 쉬다	池がかれる　pond dries up 水池干枯　연못이 마르다
じきに	雨はじきに(=すぐに)あがるでしょう。	The rain will soon stop. 估计雨会马上停。比는 곧 개일 것이다.	
じかに	社長とじかに(=直接)話す	talk directly to the president 直接和社长谈　사장과 직접 이야기하다	
何もかも なに	何もかも(=すべて)いやになった。	I no longer care about anything. 厌倦了一切。무엇이든 싫어 졌다.	
何でもかんでも なん	うちの犬は、何でもかんでも(=すべて)かじる。	Our dog chews anything. 我们家的狗，不管什么东西都咬。 우리집의 개는 무엇이든 갉아먹다.	
何だかんだ なん	何だかんだ(=あれこれ)言っても、彼は偉い。	However he's accomplished a lot. 不论怎么说，他还是很了不起。 뭐라고 해도 그는 훌륭하다.	

いかに	それを**いかに**(=どのように)実現するかが問題だ。	How we implement it is the question. 如何实现是个问题。 それを怎么样才能实现呢是问题。 그것을 어떻게 실현할 수 있을까가 문제다.
	いかに(=どんなに)急いでも間に合わないだろう。	No matter how much we hurry, we won't make it. 估计无论怎么着急也赶不上了。 아무리 서둘러도 시간에 대지 못할 것이다.
いかにも	それは**いかにも**残念です。	It is certainly disappointing. 这的确很遗憾。 그것은 너무나도 유감입니다.
	彼は**いかにも**学者らしい。	He surely looks like a scholar. 他真的像个学者。 그는 너무나도 학자답다.
ひび	壁に**ひび**が入っている。 _{かべ}	There's a crack in the wall. 墙上有裂缝。 벽에 금이 가 있다.
すき間 _ま	机とタンスの**すき間**	space between the desk and the dresser 桌子和衣柜的缝隙 책상과 장롱의 틈

粒 _{つぶ}	**一粒**の米 _{ひと}	one grain of rice 一粒大米 한 톨의 쌀	**大粒**の雨	big drops of rain 大滴的雨点 굵은 비
滴 _{しずく}	雨の**滴**	a raindrop 雨滴 빗방울	**滴**がたれる	water drips 水往下滴 물방울이 떨어지다
あか	爪の**あか** _{つめ}	dirt under one's fingernails 指甲的污垢 손톱의 때	**あか**を落とす	scrub oneself clean 去除污垢 때를 벗기다
あざ	**あざ**ができる	get a bruise 出瘀子 멍이 들다	生まれつきの**あざ**	birthmark 天生的胎记 태어나면서부터 있는 반점

練習Ⅰ 正しいほうに○を付けなさい。

① 熱いなべを手で（a. じかに　b. いかに）つかんで、やけどをしてしまった。

② かゆいので肌をかきむしったら、血が（a. しみて　b. にじんで）きた。

③ 最近、お酒を飲む量を減らそうと（a. 心がけて　b. 心得て）います。

④ 転んだら、腰の骨に（a. あざ　b. ひび）が入ってしまった。

⑤ 私は（a. 一粒の　b. 小粒の）納豆が好きです。
_{なっとう}

⑥ （a. しなびた　b. 枯れた）白菜があったが、スープにしたらおいしかった。

練習Ⅱ （　）にはどれが入りますか。一つ選びなさい。

⑦ 彼は、（　　）政治家らしい口調で話す。

　1　いかに　　　　　2　いかにも　　　　　3　何もかも　　　　4　じかに

⑧ 靴のひもが（　　）いるよ。

　1　しなびて　　　　2　ほどけて　　　　　3　ほころびて　　　4　にじんで

▶答えは p.141、正解文の読みは別冊 p.16

似ている言葉②
にている ことば

「一」がつく言葉は
多すぎるから、
覚えるのは一苦労だ。
一休みしてから
考えよう。

おぼえよう　「一」のつく語彙
ごい

一同 いちどう	一同を代表して…	on behalf of us all 代表大家　일동을 대표하여…	出席者一同	all those present 全体出席人員　출석자 일동
一面 いちめん	物事の一面	one aspect of something 事物的一方面　사물의 일면		
	空一面	the entire sky 整面天空　하늘 가득히	一面記事	a front-page article 头版报道　일면기사
一連 いちれん	一連の事件	a series of crimes 一系列事件　일련의 사건		
一目 いちもく	一目瞭然 りょうぜん	being very obvious 一目了然　일목요연	一目置く	recognize someone's ability 另眼相看　한 수 위로 여기다
一律(に) いちりつ	一律1万円支給される	10,000 yen will be paid across the board 一律被支付1万日元　일률적으로 만엔 지급되다		
	給料を一律に上げる	raise salaries across the board 一律提高工资　급료를 일률적으로 올리다		
一様(に) いちよう	参加者は一様に驚きの声をあげた。 おどろ	All those present reacted in surprise. 参加人員全都发出了惊奇的声音　참가자는 일제히 놀라는 목소리를 냈다.		
一瞬 いっしゅん	一瞬、ためらった。	I hesitated for a second. 犹豫了片刻　한순간, 망설였다.	一瞬の出来事	something that happens in an instant 一瞬間的事情　한순간의 일
一帯 いったい	付近一帯を捜索する そうさく	search the surrounding area 搜索附近一带　부근 일대를 수색하다		
一斉(に) いっせい	一斉にスタートする	start all at once 一起开始　일제히 스타트하다		
一心(に) いっしん	一心同体	oneness in body and spirit 同心同德　일심동체	一心に祈る	pray wholeheartedly 专心祈祷　전심으로 기도하다
一挙(に) いっきょ	問題が一挙に解決する	solve the problems all at once 问题一举解决　문제가 단번에 해결되다	（＝一気に） いっき	
一見(する) いっけん	一見の価値がある かち	be worth seeing 值得一看　일견의 가치가 있다		
一新(する) いっしん	気分を一新する	change the mood completely 转换心情　기분을 일신하다		
一掃(する) いっそう	暴力を一掃する	render a violent place safe 肃清暴力　폭력을 일소하다		
一変(する) いっぺん	態度が一変する たいど	totally change one's attitude 态度大变　태도가 일변하다		
一息 ひといき	一息入れる／一息つく	take a break 喘口气　한숨 돌리다	一息に登る	climb ... without a break 一口气攀登　단번에 오르다
一頃 ひところ	一頃はやった歌	a song that was once very popular 流行一时的歌　한 때 유행했던 노래		
一筋 ひとすじ	田中さんは仕事一筋の人間だ。	Tanaka-san has devoted his whole life to his work. 田中是一心扑在工作上的人。　다나카씨는 일에만 전념하는 사람이다.		
一苦労 ひとくろう	レポートを仕上げるのは一苦労だった。	It was hard work to finish the report. 写好报告真是费了点劲。　리포트를 써 내는것은 고생스러웠다.		
一休み(する) ひとやす	この辺で、一休みしよう。	Let's have a break now. 在这附近歇歇脚。　이 부근에서 한번 쉽시다.		
一眠り(する) ひとねむ	一眠りしてから、また仕事をしよう。	I'll have a nap and then work more. 睡一会儿后再工作。　한 숨 자고나서 또 일을 하자.		

おぼえよう　「見」のつく語彙

見逃す み のが	チャンスを見逃す	miss an opportunity 错过机会　기회를 놓치다	ミスを見逃す	overlook a mistake 放任错误　실수를 눈감아 주다
見落とす み お	間違いを見落とす	not notice a mistake 忽略错误　실수를 빠뜨리고 보다		
見失う み うしな	道を見失う	get lost 迷路　길을 잃다	目標を見失う もくひょう	lose one's objective 迷失目标　목표를 잃다
見積もる み つ	費用を見積もる	estimate the cost 估算费用　비용을 어림잡다	安く見積もる	underestimate the cost 便宜估算　싸게 견적하다　→見積もり (N) み つ
見計らう み はか	ラッシュの終わるころを見計らって 出かける	wait to leave until after the morning rush hour 估计交通高峰快过去的时候出发 러쉬가 끝나는 것을 가늠하여 외출하다		
見違える み ちが	父は見違えるように元気になった。	My father's been doing so much better. 爸爸像换了个人一样精神很好。아버지는 몰라볼 정도로 건강해 졌다.		
見晴らし み は	見晴らしがいい部屋	a room with a good view 远景好的房间　전망이 좋은 방		

練習 I 正しいほうに○を付けなさい。

① スリを追いかけたが、途中で（a. 見失って　b. 見落として）しまった。

② 全社員に（a. 一連　b. 一斉）にメールを送った。
　　　　　　　　　いっせい　　　　　　　おく

③ 古い家がリフォームで、（a. 見違える　b. 見計らう）ようになった。

④ ドラマの最終回を（a. 見落として　b. 見逃して）しまった。

⑤ 黒い煙が空（a. 一様　b. 一面）に広がっている。

⑥ ここからの眺めは、（a. 一目　b. 一見）の価値がある。
　　　　　　　なが　　　　　　　　　　　　　か ち

練習 II （　　）にはどれが入りますか。一つ選びなさい。

⑦ この棚の商品は（　　　）３割引きになっています。
　　　たな

　　　1　一同　　　　　　　2　一律　　　　　　　3　一帯　　　　　　　4　一連

⑧ 新型の車は、以前のデザインを（　　　）した。
　　　しんがた　　　い ぜん

　　　1　一掃　　　　　　　2　一心　　　　　　　3　一新　　　　　　　4　一見
　　　　　　　　　　　　　　　　　　　　　　　　　　　しん

▶答えは p.143、正解文の読みは別冊 p.16

p.139の答え：Ⅰ－①**a**　②**b**　③**a**　④**b**　⑤**b**　⑥**a**　　Ⅱ－⑦**2**　⑧**2**

体の部分を使った言葉①

おぼえよう　体の名称を使った表現①

顔	彼はこの辺りでは**顔が売れている**。	He's well-connected around here. 他在这一带很出名。 그는 이 부근에서는 얼굴이 알려져 있다.
	彼はとても**顔が広い**。	He's well-connected. 他交际特别广。 그는 무척 발이 넓다.
	私はその店に**顔が利く**。	I'm a good customer of theirs, so they give me special treatment. 我在那家店有面子。 나는 그 가게에서 어지간한 억지도 통한다.
	親に**合わせる顔がない**。	I can't face my parents again. 没脸见父母。 부모를 대할 얼굴이 없다.
	上司の**顔を立てる**	try to protect one's boss' reputation 给上司面子 상사의 체면을 세우다　➡上司の**顔が立つ**
目	**目が回る**ような忙しさ	incredible busyness 忙得头晕眼花 눈이 돌것 같은 바쁨
	故郷の様子が**目に浮かぶ**	fondly recall the places in one's hometown 眼前浮现出故乡的样子 고향의 모습이 눈에 떠 오른다
	目を疑うような光景	an unbelievable scene 怀疑自己眼睛的风景 눈을 의심할 것같은 광경
	子どもから**目を離す**	take one's eyes off the child 疏忽孩子 아이에게서 눈을 떼다
	突然のプレゼントに**目を丸くする**	be very surprised by an unexpected present 因意外的礼物，吃惊地睁大了眼睛 돌연한 선물에 눈이 동그래지다
	目を引くデザイン	an eye-catching design 引人注目的设计 눈을 끄는 디자인
	目がさえて眠れない	be completely awake and can't go to sleep 精神兴奋，睡不着 머리가 맑아져 잠들수 없다
	大事なものを**目が届く**ところに置く	put a very important thing where you can see it 把重要的东西放在眼睛能看到的地方 중요한 것을 눈이 닿는 곳에 두다
	子どもの将来を**長い目で見る**	take a long view of one's child's future 用长远的眼光看待孩子的未来 아이의 장래를 긴 안목으로 보다
	彼は絵画に対して**目が肥えている**。（＝**目が高い**）	He has an expert eye for paintings. 他对绘画很有鉴赏力。 그는 그림에 대해 보는 눈이 높다.
耳	**耳を澄ます**	listen very carefully 注意听 귀를 기울이다
	子どもの話に**耳を傾ける**	listen carefully to what children say 倾听孩子的话 아이의 말에 귀를 기울이다
	工事の音が**耳に障る**	the noise from the construction is too loud 施工的声音很刺耳 공사 소리가 귀에 거슬린다
	親の小言に**耳をふさぐ**	cover one's ears to block out a parent's lecture 不想听父母的牢骚 부모의 잔소리에 귀를 막다
	彼は私の話に**耳を貸して**くれなかった。	He didn't listen to what I said. 他没有倾听我的话。 그는 나의 말을 들으려하지 않았다.
	ＣＭの音楽が**耳について**離れない。	The music from the commercial keeps running through my head. CM的音乐萦绕在耳边, 久久不能忘怀。 CM음악이 귓전을 맴돌아 떨어지지 않는다.

鼻	彼女は美人を<u>鼻にかけている</u>。	She's always boasting about her beauty. 她总是炫耀自己的美丽。　미인이라는 것을 자랑한다.
	立派な息子を持って<u>鼻が高い</u>。	I'm proud of my good son. 有杰出的儿子，真是骄傲。　훌륭한 아들을 두어 콧대가 높다.
	彼女の態度は<u>鼻につく</u>。	I can't stand her attitude. 她的态度让人腻烦。　그녀의 태도는 지겹다.
口	彼は<u>口が重い</u>。	He doesn't talk much. 他少言寡语。　그는 입이 무겁다.
	つい<u>口が滑った</u>。	I let the secret slip. 不小心说漏嘴了。　자기도 모르게 입을 잘못 놀렸다.
	彼は<u>口が肥えている</u>。	He is a gourmet. 他嘴刁。　그는 음식 맛을 잘 구분한다.
	話に<u>口を挟む</u>な。	Don't cut in! 别插话。　말에 말참견을 하지 마라.
頭	<u>頭を冷やして</u>考える。	I'll think it over once I calm down. 头脑冷静后再考虑。　머리를 식혀 생각하다.
	<u>頭を抱える</u>問題	a problem over which one tears out one's hair 伤脑筋的问题　머리를 감싸쥐는 문제
	彼は<u>頭がよく切れる</u>。	He is very sharp. 他头脑特别聪明。　그는 머리가 회전이 빠르다.
	彼の努力には<u>頭が下がる</u>。	I admire his effort. 他的努力令人佩服。　그의 노력에는 머리가 숙여진다.

練習 Ⅰ 正しいほうに○を付けなさい。

① 彼の人を見下した態度が、（a. 鼻が高い　b. 鼻につく）。

② あの人は口が（a. すべっている　b. こえている）から、そのレストランの料理では満足

しないでしょう。

③ 答えるのに頭を（a. かたむける　b. かかえる）ような質問がたくさん来た。

④ ありがとうございます。そうしていただけると私の（a. 顔が立ちます　b. 顔がききます）。

⑤ 彼の努力には（a. 頭が下がる　b. 会わせる顔が無い）。

⑥ 美しい歌声に（a. 耳を傾けた　b. 耳を貸した）。

練習 Ⅱ （　　）にはどれが入りますか。一つ選びなさい。

⑦ 彼女はそれを聞いたとたん、（　　　）驚きの声をあげた。

　　1　顔を立てて　　　　　2　口が滑って　　　　　3　目を丸くして　　　4　鼻をかけて

⑧ 女優の中でも、彼女は特に（　　　）美しい女性です。

　　1　目を引く　　　　　2　目に浮かぶ　　　　　3　目を疑う　　　　4　目が回る

▶答えは p.145、正解文の読みは別冊 p.16

p.141 の答え：Ⅰ－①a　②b　③a　④b　⑤b　⑥b　　Ⅱ－⑦2　⑧3

体の部分を使った言葉②

おぼえよう　体の名称を使った表現②

手	悪い仲間と**手を切る**	cut ties with bad friends 和坏朋友分手　나쁜 친구와 손을 끊다	→**縁を切る**
	手が足りないから、手伝ってくれ。	There aren't enough people. Can you help me? 因为人手不够，请帮我。　손이 부족하니, 도와줘.	
	私の**手に余る**仕事	work which is too difficult for me 这是我解决不了的工作　나에게 벅찬 일 (역부족인 일)	
	その問題に早く**手を打つ**べきだ。	We must tackle the problem right away. 应该尽快采取措施处理这个问题。　그 문제에 빨리 대처해야 한다.	
	あの子は親の**手に負えない**。	That kid is beyond his parents' control. 对那孩子父母束手无策。　저 아이는 부모의 손에 부친다.	
	いたずらな生徒に**手を焼く**	have a hard time with mischievous pupils 对调皮的学生感到棘手　장난꾸러기 학생에게 애를 먹다	
	仕事の**手を抜く**	cut corners at work　工作草率　일을 대강하다	
	問題解決のためにあらゆる**手を尽くす**	try every means possible for solving a problem 为了解决问题，用尽了所有的办法　문제 해결을 위해 모든 방법을 다하다	
	手も足も出ない問題	very tough problem　束手无策的问题　어찌해 볼 수 없는 문제	
首	**首を横に振る**	shake one's head at 摇头　고개를 젓다	
	首を縦に振る	Agree with a nod 点头　승낙하다	
	首を長くして待つ	long for　翘首期盼　목을 길게 빼고 기다리다	
	首をひねるような結果	baffling result　叫人迷惑的结果　어떨까 싶은 결과	
	厄介な問題に**首を突っ込む**	get into trouble 积极参与麻烦的问题　번거로운 일에 머리를 들이밀다	
	借金で**首が回らない**	be deep in debt　因借款一筹莫展　빚으로 옴짝달싹 못하다	
息	走って**息が切れる**	be out of breath from running　跑得气喘吁吁　달려서 숨이 벅차다	
	満員電車で**息が詰まり**そうだ。	I feel suffocated in a very crowded train. 在满员电车里，快喘不上气了。만원전차로 숨이 막힐것 같다.	
	息が長い役者	a veteran actor 长久不衰的演员　오래 계속되는 연기자	
	彼は**息もつかずに**しゃべり続けた。	He talked on and on without pausing for breath. 他连口气都不喘，不停地说着。　그는 숨도 잇지 않고 말을 계속했다.	
	息を抜く暇もないくらい忙しい	be extremely busy 忙得连歇口气的功夫都没有　숨을 돌릴 사이도 없을 정도로 바쁘다	
	息をのむほど美しい景色	a breathtaking view　让人屏息的景色　숨이 막힐 정도로 아름다운 경치	
	息を引きとる（＝死ぬ）	breathe one's last　咽气、断气　숨을 거두다	
	息の合う仲間達	a team in perfect harmony　默契的伙伴们　마음이 맞는 동료들	

足	経費がかかりすぎて**足が出た**。	We ran over budget because of the high costs. 经费花得太多，超支了。　경비가 너무 들어서 적자다．
	1 日中歩いて**足が棒**になった。	My legs were extremely tired after walking all day. 走了一整天，腿脚都麻木了。　하루 종일 걸어서 다리가 뻣뻣해 졌다．
	同僚の**足を引っ張る**	obstruct a colleague's attempt 拖同事的后腿　동료를 방해하다
	生ものは**足が早い**。	Raw food goes bad fast. 生东西容易腐烂。　날것은 쉬 상한다．
気	彼は田中さんに**気があ**るらしい。	He seems interested in Tanaka-san. 他好像对田中有意思。　그는 다나카씨에게 마음이 있는 것 같다．
	誘われたけど、**気が向かない**。	I've been invited but I don't feel like going. 虽然被邀请了，但不感兴趣。　권유를 받았지만 마음이 내키지 않는다．
	彼は周囲に**気を配る**人だ。	He is attentive to those around him. 他是一个关心周围的人。　그는 주위에 배려하는 사람이다． ➡ **気配り**(N)
	彼女は**気が利く**人だ。	She is smart and good-natured. 她是个机灵的人。　그녀는 눈치가 빠른 사람이다．
	気が散って勉強が手につかない。	I can't concentrate on my study. 心不在焉，无法专心学习。　정신이 흐트러져 공부가 손에 잡히지 않는다．

練習 I　正しいほうに〇を付けなさい。

① 服装だけでなく髪型にも （a. 気が利く　b. 気を配る）。

② イカの刺身は （a. 手が　b. 足が） 早いので、今日中に食べたほうがいいです。

③ 私の学校は、やたら規律にうるさいので （a. 息が切れる　b. 息が詰まる）。

④ その景色の美しさに、思わず （a. 息をのんだ　b. 息が切れた）。

⑤ 客が多くても少なくても、彼はいつも （a. 気がある　b. 手を抜かない） 演奏をする。

⑥ 老いた母は、我が子の帰国を （a. 息を　b. 首を） 長くして待っていた。

練習 II　（　　）にはどれが入りますか。一つ選びなさい。

⑦ こんな大きな犬を飼うのは、ちょっと私の （　　　） と思います。

　　1　手を尽くす　　　　2　足が出る　　　　3　手に余る　　　　4　息がつまる

⑧ ハイキングで一日中歩き回ったら、足が （　　　）。

　　1　長くなった　　　　2　棒になった　　　　3　出なくなった　　　　4　つまった

▶答えは p.147、正解文の読みは別冊 p.16

p.143 の答え：I－①**b**　②**b**　③**b**　④**a**　⑤**a**　⑥**a**　　II－⑦**3**　⑧**1**

145

まとめて覚えよう②

よく使う表現①
ひょうげん

おぼえよう　　あいさつなどいろいろな表現

お手数をおかけしました。 て　すう	Sorry to have troubled you. 给您添麻烦了。　번거롭게 해 드렸습니다.
なにぶん（＝なにとぞ）よろしくお願いいたします。 ねが	Thank you for your kind help. 请多多关照。　부디 잘 부탁합니다.
取り急ぎお礼まで。 と　いそ　れい ＊お礼の手紙の最後に添える。 さいご　そ	Just a quick note to thank you. 暂表谢意。 급히 인사말씀만.
夜分遅く、すみませんが……。 や　ぶんおそ ＊訪問や電話でよく使う。 ほうもん	Sorry to trouble you this late at night, but ... 这么晚打扰，真是对不起…。 밤늦게 죄송합니다만…
お騒がせして申し訳ありません。 さわ　　　もう　わけ	Sorry to have bothered you. 引起这么大混乱，真是对不起。　시끄럽게 해서 죄송합니다.
申し訳ありませんが、これをコピーしてください。 もう　わけ	Would you kindly make a copy of this? 不好意思，请把这个复印一下。 죄송합니다만，이것을 복사해 주세요.
悪いけど、そこの雑誌を取ってくれる？ わる ＊謝っているのではなく、お願いするときに使う。 あやま　　　　　　　　　　　　　　ねが	Would you mind getting the magazine for me? 不好意思，能把那里的杂志拿过来吗？ 미안하지만，거기의 잡지를 집어 줄래?
……ですが、悪しからず。 あ	I'm sorry but ... 虽然是…，请不要见怪。　…입니다만，언짢게 생각지 마시기를.
差し支えなければ、…… さ　つか	if it is ok with you, ... 如果没有什么不方便。　괜찮으시다면, …
いざというとき（のため）に備えよう。 そな	Be prepared for an emergency! 为了以防万一。　여차 할 때를 위하여 준비하자.
そのことはいざ知らず、…… し	apart from that, ... 那事暂且不论。　그것은 어떨지 모르지만，…
きりがいいところで休みましょう。	Let's take a break when we come to a good place to stop. 在告一段落的时候休息吧。　끝맺기 알맞은 시점에서.
欲を言えばきりがない。	Unless you're realistic, you'll never find a solution. 欲望无止境。　욕심을 말하자면 끝이 없다.
ワインと言ってもピンからキリまである。 ＊「ピンキリだ」と短くして使われることもある。	There are all sorts of wines, ranging from the very good to the awful. 葡萄酒，从最好的到最差的都有。 와인이라고 해도 최상급에서 최하급까지 있다.
彼のことは一から十まで知っている。 いち　　じゅう	I know everything about him. 他的事情我全都知道。　그는 하나부터 열까지 알고 있다.
来る3月10日に卒業式が行われる。 きた	The graduation ceremony will take place on March 10th. 即将到来的3月10日要举办毕业典礼。 오는 3월 10일에 졸업식이 행해진다.
去る3月10日に卒業式が行われた。 さ	The graduation ceremony took place on March 10th. 已过去的那个3月10日举行了毕业典礼。 지난 3월 10일에 졸업식이 행해졌다.

もっと おぼえよう　たとえを使った慣用表現（かんようひょうげん）

胸（むね）をえぐられるような思いをした。	I had a very heartbreaking experience.	感觉挖心般的痛苦。　가슴을 도리는 듯한 생각을 했다.
彼は口（くち）から先（さき）に生（う）まれたような男だ。	He has the gift of gab.	他是个能言善辩的男人。　그는 입부터 먼저 태어난 듯한 남자다.
それは雲（くも）をつかむような話だ。	That is a very unrealistic plan.	那是不着边际的话。　그것은 구름을 잡는 듯한 이야기다.
顔（かお）から火（ひ）が出（で）るほど恥ずかしい。	I'm extremely embarrassed.	害羞得脸上火辣辣的。　얼굴에서 불이 나올 정도로 부끄럽다.
猫（ねこ）の手（て）も借（か）りたいほど忙しい。	We're so busy that we'll take anyone who is willing to help us.	忙得不可开交。　고양이의 손도 빌리고 싶을 정도로 바쁘다.
それは耳（みみ）にたこができるほど聞いた。	I am sick of hearing that.	那事儿，耳朵都听出茧子了。　그것은 귀에 못이 박힐 정도로 들었다.
のどから手（て）が出（で）るほどほしい。	I want it more than anything in the world.	特别渴望得到。　목에서 손이 나올 정도로 갖고 싶다.

練習 I　正しいほうに○を付けなさい。

① 祖父の自慢話（じまんばなし）は、（a. 顔から火が出るほど　b. 耳にたこが出来るほど）聞かされた。

② （a. 差し支えなければ　b. 夜分遅くすみませんが）、お名前をお教えくださいませんか。

③ 若いころなら（a. 悪しからず　b. いざ知らず）、今そんな無茶をすると体を壊（こわ）すよ。

④ 欲を言えば（a. ピン　b. キリ）がないから、このくらいのアパートでいいんじゃないかな。

⑤ （a. 去る　b. 来る）10月10日に、体育祭が行われます。

⑥ （a. 申（もう）し訳（わけ）ありませんが　b. 差（さ）し支（つか）えなければ）、その商品は弊社（へいしゃ）では取り扱（あつか）っておりません。

練習 II　（　）にはどれが入りますか。一つ選びなさい。

⑦ （　　）、あのドレスがほしいです。

1　雲をつかむほど　　　　　　　　　　2　胸をえぐられるほど

3　猫の手も借りたいほど　　　　　　　4　のどから手が出るほど

⑧ （　　）申し訳（もう）（わけ）ありません。

1　お騒（さわ）がせして　　　2　取り急ぎお礼で　　　3　差し支えて　　　4　お手数して

▶答えは p.149、正解文の読みは別冊 p.16 〜 17

p.145の答え：I −①b　②b　③b　④a　⑤b　⑥b　　II −⑦3　⑧2

よく使う表現②
ひょうげん

日本語は
本当に難しいけれど、
これからはぐちをこぼさずに
がんばります！

おぼえよう　生活でよく使う名詞
せいかつ　　めいし

～違い ちが	勘違い かんちが	a misunderstanding　误会　착각	～人 ひと	よその人 ひと	someone who is not in one's social group　外人　남
	人違い ひとちが	mistaking someone for someone else 认错人　사람을 잘못 봄		ただの人 ひと	no one special 普通人　흔히 있는 사람
	一字違い いちじちが	the same except for one character/letter 错一个字　한글자가 다름		見知らぬ人 みし　　ひと	a stranger 素不相识的人　낯선 사람
	食い違い く　ちが	a discrepancy 不一致　어긋남		赤の他人 あか　たにん	a complete stranger 毫无关系的外人　완전한 타인
	行き違い い　ちが	crossing, misunderstanding 错过　엇갈림	逆～ さか	逆立ち さか だ	a handstand　倒立　물구나무서기
～放題 ほうだい	食べ放題 た　ほうだい	all you can eat 自助（随便吃）　무제한 먹기		逆さま さか	a upside-down　颠倒　거꾸로 됨
	飲み放題 の　ほうだい	all you can drink 自助（随便喝酒）　무제한 마시기	共～ とも	共稼ぎ（する） ともかせ	double-income (husband and wife hold down jobs)
～忘れ わす	度忘れ（する） ど わす	slip one's mind 一时蒙住　깜빡 잊음		共働き（する） ともばたら	双职工 맞벌이
	物忘れ（する） ものわす	be forgetful (have a short memory) 忘事儿　건망증	（お）～	（お）あいこ	a tie/draw　不分胜负　비김
～嫌い ぎら	負けず嫌い ま　　ぎら	being never content to be second best 不认输　지기 싫어 함		（お）しまい	a finish, an end　结束　끝
	食わず嫌い く　　ぎら	disliking something before tasting it 挑食　먹어 보지도 않고 먹는것을 싫어 함		（お）似合い に あ	being well-matched　相称　어울림
呼び捨て（する） よ　す		address coarsely 直呼其名　경칭없이 이름만 부름	恋愛（する） れんあい		love　恋爱　연애
裏返し うらがえ		being inside-out　翻过来　뒤집기	交際（する） こうさい		have a relationship　交际　교제
あべこべ		the other way around 相反的　거꾸로임	きっかけ		a start, an opportunity 契机　계기
交互 こうご 互い違い たが　ちが		alternation 交替，交错 教代，두가지를 서로 교대로함	なれそめ		beginning of a romance 恋爱之初　친해진 계기
			初対面 しょたいめん		one's first meeting 初次见面　첫대면
でこぼこ（する）		uneven, bumpy 凹凸不平　울퉁불퉁	一目ぼれ（する） ひとめ		fall in love at first sight 一见钟情　첫눈에 반함
じゃんけん（する）		the game of "paper, rock, scissors" (do janken)　猜拳　가위바위보	（お）見合い（する） み あ		have a meeting with a prospective partner　相亲　중매
引き分け ひ　わ		a draw/tie　平局　무승부	浮気（する） うわ き		have an affair　花心　바람（피다）
びり		last one, worst one 最后一名　꼴찌	再婚（する） さいこん		remarry　再婚　재혼
やせっぽち		thin person　瘦子　말라깽이	ナンパ（する）〈俗語〉 ぞくご		pick girls up 勾搭女人　여자를 유혹함
デブ〈俗語〉 ぞくご		fat person　胖子　돼지	バツイチ〈俗語〉 ぞくご		being once-divorced 离过一次婚的人　이혼을 한번 한 사람

つじつま	話の**つじつま**が合わない	contradict oneself 说话不合逻辑　이야기의 앞뒤가 맞지 않다		
ひずみ	地震で**ひずみ**が発生する。	There arise visible signs of damage from the earthquake. 因地震发生了变形。　지진으로 뒤틀림이 발생하다.		
	無理な経済政策の**ひずみ** けいざいせいさく	strains caused by the unworkable economic policy 难以实行的经济政策的弊病　무리한 경제정책의 여파		
はり	**張り**のある肌 は	smooth skin 有弹性的皮肤　탄력있는 피부		
つや	**つや**のある髪	hair that has a beautiful sheen 有光泽的头发　윤기있는 머리		
こつ	**こつ**をつかむ	get the hang of it 抓住窍门　요령을 터득하다		
めど	**めど**がたつ	have some idea as to when/how it will be done 有指望　전망이 서다		
ゆとり	**ゆとり**のある生活	an affluent lifestyle 宽裕的生活　여유있는 생활	予算に**ゆとり**がある	have enough budget 预算有余　예산에 여유가 있다
ぐち	**ぐち**を言う	complain 抱怨　푸념을 말하다	**ぐち**をこぼす	grumble 发牢骚　푸념을 늘어 놓다
ねた 〈俗語〉 ぞくご	話の**ねた** ＊「たね（種）」を逆に読んだ言葉　☞ p.113	a topic for a speech 话题　이야깃거리	すしの**ねた**	materials used for making sushi 寿司材料　초밥의 생선재료

練習 **I** 正しいほうに○を付けなさい。

① 恩師の名前を　（a. 物忘れ　b. 度忘れ）　した。
おんし

② ボーリングの投球の　（a. こつ　b. めど）　をつかんだ。

③ 彼の話は時間的に　（a. ひずみ　b. つじつま）　が合わない。

④ ビルの完成のめどがやっと　（a. 合った　b. たった）。

⑤ 彼らは、とても　（a. お似合い　b. お見合い）　のカップルですね。

⑥ 彼はシャツのボタンを　（a. 互い違い　b. 裏返し）　に止めていた。

練習 **II** （　　）にはどれが入りますか。一つ選びなさい。

⑦ 初対面の彼女に　（　　　）　してしまった。

　　1　なれそめ　　　　2　一目ぼれ　　　3　見合い　　　4　気合

⑧ 時間を　（　　　）　して、待ち合わせに遅れてしまった。

　　1　食い違い　　　　2　行き違い　　　3　勘違い　　　4　見違い
　　　　　　　　　　　　　　　　　　　　　　かんちが

▶答えは p.151、正解文の読みは別冊 p.17

p.147 の答え：I−①**b**　②**a**　③**b**　④**b**　⑤**b**　⑥**a**　　II−⑦**4**　⑧**1**

まとめて覚えよう②

復習＋もっと

Q. 説明に最も合う言葉を、a・b・c から一つ選びなさい。（答えは p.154）

1日目　▶p.138,139

1. 物事がもつれた状態になって、今までよりも事態が悪くなる
   a　ほころびる　　　b　こじれる　　　c　ゆがむ

2. 何かをするときに、対象となるものとの間に何も置かない様子
   a　すきまに　　　b　じきに　　　c　じかに

2日目　▶p.140,141

1. 好ましくないものを、すっかりきれいに片づけてしまう
   a　一変する　　　b　一掃する　　　c　一新する

2. ただ一つのことに心を傾ける様子
   a　一筋　　　b　一息　　　c　一連

3日目　▶p.142,143

1. 他よりも優れていることを自慢する
   a　目にかける　　　b　鼻にかける　　　c　耳につく

2. 思考するのに回転が速く優れていて、物事を処理するスピードが速い人
   a　目がひく人　　　b　顔がきく人　　　c　頭がきれる人

4日目　▶p.144,145

1. それまでにあった関係を断つ
   a　手を切る　　　b　息をのむ　　　c　手を抜く

2. 自分の力では扱いきれない
   a　足を引っ張る　　　b　息が抜けない　　　c　手に負えない

5日目

1. 非常事態や一大事があった時という意味
   a　いざという時　　　b　きりがない時　　　c　差し支えない時

2. 最上のものから最低のものまでという意味
   a　頭から足まで　　　b　一から十まで　　　c　ピンからキリまで

6日目

1. 余裕があり、窮屈でない状態や物事のこと
   a　ゆとり　　　　　b　ひずみ　　　　　c　はり

2. 物事や話の筋道がきちんと通るようにする
   a　めどをたたせる　　　b　つじつまを合わせる　　　c　こつをつかむ

もっと覚えよう ＊よく使う日本のことわざ＊

ことわざ	英語・中国語・韓国語
習うより慣れろ（なら・な）	practice makes perfect 熟能生巧 배우기보다 스스로 익혀라
雨降って地固まる（あめ・ふ・じ・かた）	adversity strengthens the foundations 坏事变好事、不打不相识 비 온 뒤에 땅이 굳는다
急がば回れ（いそ・まわ）	more haste, less speed 欲速则不达 급할수록 돌아가라
馬の耳に念仏（うま・みみ・ねんぶつ）	in one ear and out the other 对牛弹琴 쇠귀에 경 읽기
猿も木から落ちる（さる・き・お）	nobody's perfect 智者千虑，必有一失 원숭이도 나무에서 떨어진다
親しき中にも礼儀あり（した・なか・れいぎ）	good manners even between friends 亲密也要有分寸 한 사이에도 지켜야 할 예의가 있다

ことわざはその国の人々の生活から生まれた教訓的な表現です。

p.149の答え：I－①b　②a　③b　④b　⑤a　⑥a　II－⑦2　⑧3

月　　日（　）

まとめの問題

制限時間：20分
1問5点×20問
答えは p.154
正解文の読みと解説は別冊 p.17 ～ 18

点数
／100

問題1　（　　）に入れるのに最もよいものを、1・2・3・4から一つ選びなさい。

1 子犬のしつけには、（　　　）います。

1　息が切れて　　　　2　足が出て　　　　3　手を焼いて　　　　4　目を離して

2 彼の才能には、社長も（　　　）置いています。

1　一目　　　　　　2　一息　　　　　　3　一筋　　　　　　4　一見

3 火事で家が焼け、彼は財産も（　　　）失ってしまった。

1　何でもかんでも　　2　何もかも　　　　3　何だかんだ　　　　4　何でもかも

4 秋の夜、老いた母は虫の声を（　　　）聞いていた。

1　耳について　　　　2　耳をすまして　　3　耳にさわって　　4　耳にはさんで

5 彼女と待ち合わせしたが、どうも（　　　）になったようで、結局会うことができなかった。

1　互い違い　　　　　2　行き違い　　　　3　食い違い　　　　4　人違い

6 朝の魚市場は、（　　　）忙しい。

1　顔から火が出るほど　　　　　　　2　のどから手が出るほど
3　猫の手も借りたいほど　　　　　　4　胸をえぐられるように

7 この電球は高いけれど、（　　　）、結局は節約になる。

1　頭を下げて見ると　　　　　　　　2　長い目で見ると
3　気を配って見ると　　　　　　　　4　あらゆる手を見ると

8 お風呂場のリフォームをするため、業者に（　　　）をしてもらった。

1　見晴らし　　　　　2　見計らい　　　　3　見積もり　　　　4　見落とし

9 前はおいしいと思ったのにそう思えないのは、（　　　）しまったのかもしれない。

1　口が肥えて　　　　2　鼻が高くなって　　3　気が散って　　4　目が疑って

10 電気のコードが（　　　）いると、熱を持つから危ないですよ。

1　ほどけて　　　　　2　ゆがんで　　　　3　ほころびて　　4　ねじれて

問題2　次の言葉の使い方として最もよいものを、1・2・3・4から一つ選びなさい。

11 あべこべ

1　収入と支出の<u>あべこべ</u>が合わない。

2　トラックが多く通る道路は、<u>あべこべ</u>している。

3　工事で車線が狭く、車は<u>あべこべ</u>に通行した。

4　ぬいぐるみの頭とシッポを<u>あべこべ</u>につけてしまった。

12 度忘れ

1　今まで覚えていたのに、<u>度忘れ</u>してしまった。

2　今日の気温を<u>度忘れ</u>しないように気をつけよう。

3　今日は雨なので、電車の中に傘の<u>度忘れ</u>が多い。

4　緊張して、<u>度忘れ</u>したことが思い出せない。

13 気が散る

1　面接で、予想していないことを聞かれて<u>気が散</u>った。

2　<u>気が散る</u>からテレビを消して。

3　5人も人を殺したという犯人は、<u>気が散っ</u>ているね。

4　こんなに作ったのにまだ予定の半分にも満たないとは、とても<u>気が散る</u>。

14 足が出る

1　今月は、<u>足が出る</u>ほどの買い物をしなければならない。

2　いたずらな末っ子には、本当に<u>足が出る</u>。

3　彼女はインテリアの世界では、かなり<u>足が出た</u>存在です。

4　海外旅行でお土産を買いすぎて、予算から<u>足が出て</u>しまった。

15 いかにも

1　彼女は、<u>いかにも</u>自分が能力があるかを必死でアピールした。

2　このドレッシングは、<u>いかにも</u>おいしく食べられます。

3　そのラーメン屋の看板には、<u>いかにも</u>おいしそうなラーメンの絵が描かれている。

4　空が<u>いかにも</u>晴れてきた。

16 痛み止めの注射をしたので、すぐに痛みは和らいでくるでしょう。

    1　すでに　　　　　2　じきに　　　　　3　いかに　　　　　4　じかに

17 彼は、仕事に熱中した生活をしている。

    1　仕事一連の　　　2　仕事一帯の　　　3　仕事一心の　　　4　仕事一筋の

18 これは、私にはできない問題だ。

    1　私の手に負えない　　　　　　　　2　私の手が足りない

    3　私の足が出ない　　　　　　　　　4　私の足にならない

19 彼女のことは、すべて知っているつもりだ。

    1　ピンからキリまで　　　　　　　　2　一から十まで

    3　何かから何かまで　　　　　　　　4　いつからどこまで

20 このおもちゃは、一時期とてもよくはやったね。

    1　一頃　　　　　　2　一息　　　　　　3　一瞬　　　　　　4　一面

復習（p.150 〜 151）の答え：
1日目　1. b　2. c　　2日目　1. b　2. a　　3日目　1. b　2. c
4日目　1. a　2. c　　5日目　1. a　2. c　　6日目　1. a　2. b

まとめの問題（p.152 〜 154）の答え：
問題1　**1** 3　**2** 1　**3** 2　**4** 2　**5** 2　**6** 3　**7** 2　**8** 3　**9** 1　**10** 4
問題2　**11** 4　**12** 1　**13** 2　**14** 4　**15** 3
問題3　**16** 2　**17** 4　**18** 1　**19** 2　**20** 1

模擬試験
もぎしけん

- 第1回　p.156〜159
- 第2回　p.160〜163

答え・正解文の読み・解説は別冊にあります。
べっさつ

Answers, readings of correct sentences and explanations can be found in the separate booklet.
答案・正确词句的读法・解说在附录的别册里。
대답・올바른 문장 읽기・해설은 별책에 있습니다.

1回分の問題数は、実際の「日本語能力試験」よりも多くなっています。
かいぶん　もんだいすう　　じっさい　　に ほん ご のうりょく し けん　　　おお

The number of questions for one test is more than the actual "Japanese Language Proficiency Test".
考一回的试题量比实际的"日本语能力考试"要多。
1 회분 문제집은, 실제의「일본어능력시험」보다 많아지고 있습니다.

第1回

制限時間：25分
1問4点×25問

点数

／100

答え・正解文の読み・解説は別冊 p.18〜19

問題1 （　　　）に入れるのに最もよいものを、1・2・3・4から一つ選びなさい。

1 風邪を（　　　）ように、治りかけには気をつけましょう。

　　1　かたむかせない　　2　うならせない　　3　こじらせない　　4　ねじらせない

2 彼とは、中学から大学まで同じ学校だったのに、（　　　）話したこともない。

　　1　ろくに　　　　　2　二度と　　　　　3　まさか　　　　　4　すっかり

3 その詳細については、今週発売の雑誌の（　　　）記事に載っている。

　　1　独特　　　　　　2　特色　　　　　　3　特定　　　　　　4　特集

4 あの子は乱暴な口をきいていますが、（　　　）は優しいいい子なんです。

　　1　底　　　　　　　2　面　　　　　　　3　根　　　　　　　4　側

5 いやな過去は忘れて、一から（　　　）。

　　1　消し去りたい　　2　やり遂げたい　　3　出直したい　　4　たどり着きたい

6 駅前の高層マンションの建築は、今のところ（　　　）に進行しているようだ。

　　1　ハイテク　　　　2　スムーズ　　　　3　デリケート　　　4　エコ

7 私は背骨のゆがみを（　　　）ために、毎週、整形外科に通っている。

　　1　矯正する　　　　2　取り締まる　　　3　よみがえる　　　4　見合わせる

8 台風の被害による橋の修理には、（　　　）に言って2週間はかかるでしょう。

1　断然　　　　　　　2　大まか　　　　　　3　若干　　　　　　4　雑

9 （　　　）という時に頼りになる人が本当の親友と言えるだろう。

1　いまに　　　　　　2　さぞ　　　　　　　3　もし　　　　　　4　いざ

10 我が国の出生率は、前年度を（　　　）という状況が10年以上続いている。

1　引き落とす　　　　2　引き下げる　　　　3　下向く　　　　　4　下回る

11 健康診断の結果、医者から酒は（　　　）にするようにと言われている。

1　ほどほど　　　　　2　ぼつぼつ　　　　　3　しぶしぶ　　　　4　だらだら

12 大会社に就職すれば安心だというのは、（　　　）古い考え方だ。

1　ひいては　　　　　2　もはや　　　　　　3　たかが　　　　　4　いやに

13 そんな（　　　）ワンピースは着ると落ち着かないから、私は買わない。

1　巧みな　　　　　　2　憂うつな　　　　　3　大胆な　　　　　4　和やかな

14 知事が変わり、この地域の子どもを（　　　）環境に大きな変化があった。

1　取り巻く　　　　　2　割り当てる　　　　3　受け継ぐ　　　　4　引き起こす

 ______の言葉に意味が最も近いものを、1・2・3・4から一つ選びなさい。

15 上司の意見を疑問に思い、つい話の途中に<u>割り込んで</u>しまった。

   1　耳をふさいで　　　2　口をはさんで　　　3　文句を言って　　　4　申し入れて

16 丁寧なお返事に、<u>非常に</u>感謝しております。

   1　よほど　　　　　2　何と　　　　　3　至って　　　　　4　誠に

17 僕はその事件と関わっていないと<u>胸を張って</u>言えます。

   1　じっくりと　　　2　ぴたりと　　　3　きっぱりと　　　4　すんなり

18 兄は食事もまともに取らないで、一日中ゲームに<u>熱中している</u>。

   1　はまっている　　2　そまっている　　3　とどめている　　4　こもっている

19 彼は英語が<u>ペラペラ</u>で驚いた。

   1　流暢（りゅうちょう）　　　2　巧妙　　　　3　健全　　　　4　好調

20 私の開発した試作品が明日出来上がってくる。<u>待ち遠しい</u>。

   1　おどおどする　　2　こうこうとする　　3　わくわくする　　4　はらはらする

問題 3 次の言葉の使い方として最もよいものを、1・2・3・4から一つ選びなさい。

21 凝る

1　駅前にできた新しいレストランは、凝った造りをしている。

2　二度の失敗に凝ったから、もう結婚は考えない。

3　彼は物事に凝らない、おおらかな性格をしている。

4　ずっと外出を凝っていたので、体がなまっている。

22 意向

1　このクラスの学習意向は、他のクラスに比べて遅い。

2　留学は、意向が弱い人間には難しいと思うよ。

3　社長の意向で、来年度の新入社員の募集がなくなった。

4　アンケートの意向によると、この件について反対という意見が多かった。

23 理屈っぽい

1　近所付き合いが理屈っぽいので、引っ越しを考えている。

2　父は年を取るにつれて、理屈っぽくなった。

3　教授にもっと理屈っぽい論文を書くように言われた。

4　本屋へ行ってみたら、理屈っぽい新刊がたくさんあった。

24 前提

1　この公園の前提からの景色は、見ごたえがあります。

2　その国からの学生が入学してくることは、前提がないことです。

3　前提が長くなりましたが、本題に入りましょう。

4　結婚する前提で交際をしていたが、最近、彼とうまくいっていない。

25 引き立てる

1　預金の利率を引き立ててほしい。

2　この会社には、後輩を引き立ててくれるような先輩はいない。

3　あの事件を引き立てた犯人が、やっと捕まった。

4　床を引き立てるのに、特別な洗剤が必要だ。

模擬試験

第2回

制限時間：25分
1問4点×25問

点数　／100

答え・正解文の読み・解説は別冊 p.19 〜 20

問題1 （　　　）に入れるのに最もよいものを、1・2・3・4から一つ選びなさい。

1 最新の医療と母親の（　　　）看病のおかげで、彼の病気は完治した。

　　1　義理堅い　　　　　2　辛抱強い　　　　　3　欲深い　　　　　4　神経質な

2 お客様のご希望に（　　　）、大変申し訳ございませんが、ご了承くださいますようお願い申し上げます。

　　1　沿えず　　　　　2　果たさず　　　　　3　備えず　　　　　4　負わず

3 私の（　　　）行動が原因で、友人に不信感を抱かせてしまった。

　　1　無口な　　　　　2　勤勉な　　　　　3　素朴な　　　　　4　軽率な

4 彼は、最後に逆転ホームランを（　　　）、チームに勝利を導いた。

　　1　制し　　　　　2　操り　　　　　3　抜かし　　　　　4　放ち

5 必要経費を最小限に（　　　）が、経営する店の存続は厳しい。

　　1　とどめている　　　2　とだえている　　　3　尽きている　　　4　しのいでいる

6 この家は住みやすくて気に入っている。欲を言えば（　　　）が、コンセントの位置が残念だ。

　　1　切れ目がない　　　2　先がない　　　3　差し支えない　　　4　きりがない

7 今月のノルマを達成するという（　　　）から、眠れない日が続いている。

　　1　ハンデ　　　　　2　プレッシャー　　　3　トラウマ　　　　4　ギャップ

8 彼の遅刻の言い訳は、いつも（　　　　）である。

1　マニア　　　　　　　2　ネック　　　　　　　3　ワンパターン　　4　リップサービス

9 キャンプ場で8歳の少女が消息を（　　　　）から、もう2年になる。

1　絶って　　　　　　　2　亡くして　　　　　　3　損なって　　　　4　減って

10 小学校時代の友人が泊まりに来た。話の（　　　　）が尽きなくて、夜を明かした。

1　筋　　　　　　　　　2　種　　　　　　　　　3　道　　　　　　　4　先

11 あの人の顔はわかるんだけれど、名前が（　　　　）思い出せない。

1　きっかり　　　　　　2　さっぱり　　　　　　3　あっさり　　　　4　ずばり

12 私は（　　　　）家庭で育ったが、父親の会社が倒産してから苦労の連続だった。

1　純粋な　　　　　　　2　好ましい　　　　　　3　有望な　　　　　4　裕福な

13 お客様の問い合わせメールには、（　　　　）返信するよう心掛けてください。

1　すこやかに　　　　　2　なめらかに　　　　　3　しなやかに　　　4　すみやかに

14 彼は、人を（　　　　）ような態度を取るので、嫌いだ。

1　見下す　　　　　　　2　見下ろす　　　　　　3　見通す　　　　　4　見合わせる

 ______の言葉に意味が最も近いものを、1・2・3・4から一つ選びなさい。

15 その会社の申し出を受け入れるのか、退けるのか、どの道、返事は今週中でという早急な決断が迫られている。

   1　いずれにせよ　　　　　　　　　2　何でもかんでも

   3　ひょっとすると　　　　　　　　4　どうやら

16 希望の大学の入試問題に挑戦したが、まったく取り組めなかった。

   1　目が届かなかった　　　　　　　2　息もつかなかった

   3　首が回らなかった　　　　　　　4　手も足も出なかった

17 少子高齢化が進み、我が国の先行きが不安になってくる。

   1　行方　　　　　2　前途　　　　　3　生涯　　　　　4　予知

18 友人の誘いに応じて、ギャンブルに手を出してしまった。

   1　寄せて　　　　2　乗って　　　　3　向いて　　　　4　打って

19 彼女の連勝記録を破る相手は、当分現れないだろう。

   1　阻む　　　　　2　壊す　　　　　3　妬む　　　　　4　裏切る

20 これは、ここを押すとふたが空いて電源が入るという構造になっています。

   1　実態　　　　　2　手際　　　　　3　仕組み　　　　4　図案

21 そびえる

1 試合前に気持ちが<u>そびえる</u>のを抑えるために、深呼吸しましょう。

2 このところ、生活費が<u>そびえて</u>しまい、赤字が続いている。

3 この辺りは、空高く<u>そびえる</u>超高層ビルばかりで、緑が少ない。

4 このペンキを塗ると、板が<u>そびえる</u>のを防げます。

22 建設的

1 教室内でわからないことがあれば、先生に<u>建設的</u>に質問しよう。

2 人に言われたわけではなく、その会に<u>建設的</u>に参加した。

3 <u>建設的</u>に言って、その洋服はあなたには似合ってないよ。

4 その話し合いでは、<u>建設的</u>な意見はほとんど出なかった。

23 切ない

1 この辺りは夜になると電灯もなく真っ暗で、<u>切ない</u>。

2 大事な会議に遅刻して<u>切なかった</u>。

3 好きな人に気持ちがわかってもらえず、とても<u>切ない</u>。

4 毎日暑くて雨も多く、<u>切ない</u>天気が続いている。

24 人並み

1 お金持ちにならなくてもいい、<u>人並み</u>に食べていければ十分だ。

2 この子は、まだ物事の<u>人並み</u>がわかっていない年齢だ。

3 <u>人並み</u>通りのやり方では効率が悪く、改善していくべきだ。

4 仕事を<u>人並み</u>にしないで、責任を持とう。

25 見計らう

1 間違いを<u>見計らって</u>、印刷してしまった。

2 今日のお昼ごろ、食事がお済みになったころを<u>見計らって</u>伺います。

3 エアコンの修理を頼んだら、<u>見計らい</u>で5万円かかると言われた。

4 弟は、目的を<u>見計らって</u>、せっかく入った大学を辞めてしまった。

さくいん

さくいん

さくいん

イラスト	花色木綿
翻訳・翻訳校正	Hannah Rosszell ／Rory Rosszell ／石川慶子／株式会社アミット（英語）
	李煒／株式会社アミット（中国語）
	崔明淑／時事日本語社／株式会社アミット（韓国語）
編集協力・ＤＴＰ	株式会社明昌堂
装丁	岡崎裕樹
印刷・製本	日経印刷株式会社

「日本語能力試験」対策

日本語総まとめ N1 語彙 ［増補改訂版］

2010年　3月25日	初版　第1刷発行
2022年10月25日	増補改訂版　第1刷発行
2024年11月15日	増補改訂版　第3刷発行

著　者	佐々木仁子・松本紀子
発　行	株式会社アスク
	〒162-8558　東京都新宿区下宮比町2-6
	TEL　03-3267-6864
発行人	天谷修身

アンケートにご協力ください

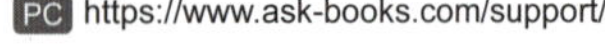 PC　https://www.ask-books.com/support/　 Smartphone

N1 語彙（ごい）
別冊（べっさつ）

▷ 練習（れんしゅう） ［正解文の読み］（せいかいぶん・よ）

▷ まとめの問題（もんだい） ［正解文の読み］（せいかいぶん・よ）、［解説］（かいせつ）

▷ 模擬試験（もぎしけん） ［答え］（こた）、［正解文の読み］（せいかいぶん・よ）、［解説］（かいせつ）

正解文のルビを隠しながら読む練習もできます。
（せいかいぶん　かく　よ　れんしゅう）

1日目　練習（p.13）

① 私の夫は、大変金づかいが**荒い**。

② 彼は、ちょっと時間に**ルーズな**ところがある。

③ 彼女は大スターなのに、とても**気さくな**人です。

④ 豪華で輝きに**気品のある**宝石。

⑤ お金に**いやしい**人は嫌われる。

⑥ あの店員は、だれにでも**愛想がいい**。

⑦ 彼女は将来**有望な**若手議員です。

⑧ 彼は**たくましい**肉体をしている。

2日目　練習（p.15）

① 電車に乗り遅れそうになり、**あせった**。

② 山田先生は、怒ると**おっかないよ**。

③ 旅行に行く日が**待ち遠しい**。

④ 近所に**気兼ねして**楽器の練習が十分にできない。

⑤ 梅雨時は、雨ばかりで**うっとうしい**。

⑥ こんな簡単な問題を間違えてしまい、**情けない**。

⑦ このスピーカーは、**わずらわしい**配線の必要がありません。

⑧ 彼こそ、大統領に**ふさわしい**人物です。

3日目　練習（p.17）

① 肩までお湯によく**つかりましょう**。

② 車の前に飛び出してきた猫を**よけたら**、電柱にぶつかってしまった。

③ 踏切の遮断機を**くぐっては**いけません。

④ それは、私が子どものころ、よく**口ずさんだ**歌です。

⑤ ごはんをのりで**くるんで**食べます。

⑥ しかられた生徒は、**うつむいて**泣いていた。

⑦ 疲れたので、ちょっとソファーで**横になっても**いいでしょうか。

⑧ 休日に庭を**いじる**のが、私の趣味です。

4日目　練習（p.19）

① うちの犬は、母にいちばん**なついて**います。

② 監督と**もめた**その選手は、結局やめさせられてしまった。

③ だれも私のことを**かばって**くれない。

④ 彼女は、ご主人によく**尽くして**います。

⑤ このまんがの主人公は、最後にはやっと悪者を**やっつけた**。

⑥ 彼は親に**ちやほや**されて育った。

⑦ 友達とけんかしたことを先生に**告げ口**された。

⑧ 風邪を**こじらせて**入院する騒ぎになってしまった。

5日目　練習（p.21）

① 風呂場に、かびが**生えた**。

② サルにえさを**あたえないで**ください。

③ カーテンで光を**さえぎった**。

④ 切った玉ネギを水に**さらして**ください。

⑤ 暑いので、つけていたネクタイを**ゆるめた**。

⑥ 手が滑り、ポップコーンを床に**ばらまいて**しまった。

⑦ けんかになりそうになったので、あわてて話を**そらした**。

⑧ 彼と**かわした**約束を破ってしまった。

6日目　練習（p.23）

① 母が病院に通うのに**付き添わなければ**いけない。

② 魚の骨がのどに**刺さった**。

③ 重い熱中症は、意識が**もうろう**としてくる。

④ 虫に刺された指がこんなに**はれて**しまった。

⑤ 疲れたせいか、目が**かすんで**よく見えない。

⑥ 薬を飲んだら、だいぶ痛みが**和らいだ**。

⑦ **めまい**がするほど、腹が減っている。

⑧ 病気の進行が**早まり**、彼はついに意識不明になってしまった。

7日目　まとめの問題（p.26 〜 28）

問題1

1 **ぜんそく**の発作が起きるとせきが止まらなくなる。

2 彼女と手をつないで歩いていたら、友達に**冷やかされた**。

3 気に入って買ったバッグを友達に**けなされて**、気分が悪かった。
　　＊けなされて（＝非難されて）

4 3歳ぐらいの女の子が、**無邪気に**公園で遊んでいた。

5 彼はだれにでも優しい**思いやりがある**人で、みんなに好かれている。

6 バスタオルを**まるめて**枕の代わりにした。

7 母に**うながされて**早く家を出た。
　　＊うながされて（＝早くするように言われて）

8 長い間立ちっぱなしだったので、足が**むくんで**しまった。

9 これは、みそを**こす**調理器具です。

10 細いひもを何本も**たばねて**、太いロープを作った。

問題2　（＿＿＿は正しい表現の例）

11 敵も**しぶとく**、なかなか負けを認めない。
　　＊「しぶとい」は我慢強い様子を表す
　　2．この柿はちょっと渋い（p.36）
　　3．渋いお茶（p.36）
　　4．木が太くなってきた

12 彼女は**近寄りがたい**ほど美しい。
　　1．気さく⇔近寄りがたい

13 彼は、新しい腕時計をみんなに**見せびらかして**いた。

＊「見せびらかす」は自慢して見せるという意味
　　3．食事を**ごちそうします／おごります**

14 そのパーティー会場には、**むせる**ほど人が来ていた。

＊「むせる」は息がつまりそうになるという意味
　　4．だんだん**むくんで／はれてきた**

15 私の初恋は**片思い**で終わってしまった。
　　＊「片思い」は男女で一方が好きだが一方は好きではない状態を言う

問題3

16 あの若者は、**勇ましくて（りりしくて）**立派だ。

17 一人で行くのはいやだ。だれか**付きそって（一緒に行って）**ほしい。

18 だめだとわかったら、**いさぎよく（きっぱり）**あきらめよう。

19 彼は上司の命令に**そむいて（反して）**行動したため、首になった。

20 寄付は**しいられる（強制される）**としたくなくなるものだ。

第2週

1日目　練習（p.31）

① 東京駅で電車の乗り換えに**まごついた**。
② ピントが合っていない**ぼけた**写真。
③ 彼は自分に才能があると**うぬぼれている**。
④ あの建物は、かなり**こった**造りをしている。
⑤ 1時間待ってもバスが来ない。もう待ち**くたびれたよ**。
⑥ 彼は自分の失敗を**なげいた**。
⑦ 夢が**かなって**プロの野球選手になれた！
⑧ その少年は、年齢を**ごまかして**酒を買った。

① 最近、先の**とがった**靴がはやっているようだ。

② 戸が**きしんで**、キーキーうるさい音がする。

③ このシチューは、牛肉が**とろける**ようにやわらかくて、とてもおいしい。

④ 母が穴のあいた靴下を**つくろって**くれた。

⑤ バットを振ったが、ボールは**かすった**だけで飛ばなかった。

⑥ メガネが合わないのか、字が**ぼやけて**よく見えない。

⑦ この布は、水を**はじく**加工がされている。

⑧ 虫歯で顔が**はれて**しまった。

3日目　練習（p.35）

① 彼の順位は、周囲の予想を**くつがえして**３位に終わった。

② 結婚式のスピーチで、型に**はまった**あいさつが続いた。

③ 左右のバランスが**つりあって**いない。

④ 彼は、山の草や木の実を食べて飢えを**しのいだ**らしい。

⑤ そのとき一瞬、雲が**とぎれて**日が差した。

⑥ 浮気が妻に**ばれて**しまった。

⑦ 酔っ払いに**からまれて**、けんかになった。

⑧ その村の人口の減少は、**とどまる**ことがなく、とうとう小学校もなくなってしまった。

4日目　練習（p.37）

① あの役者はとても落ち着いた**渋い**演技をする。

② そのサッカー選手は**たくみな**技で、観客を魅了した。

③ スタートは**好調**だったのに、最後は力が尽きて最下位になった。

④ 彼女はいつも**きらびやかな**アクセサリーを身につけている。

⑤ 当店は、お客様に**細やかな**サービスを提供しています。

⑥ 景気は**ゆるやかに**回復しています。

⑦ パーティーは**なごやかな**雰囲気で進行していった。

⑧ 夫婦**円満**で、幸せな生活を送っています。

5日目　練習（p.39）

① ドライブの前に**念入りに**車の点検をした。

② 一軒家といっても、二部屋だけの**ちっぽけな**家です。

③ 子育ては決して**たやすい**ことではない。

④ 電話から**ぶきみな**声が聞こえてきた。

⑤ **みっともない**から、電車の中でお化粧するのはやめなさい。

⑥ 生まれて１週間で死ぬという**はかない**命の虫。

⑦ 友人に金を貸してほしいと言ったら、**ろこつに**いやな顔をされた。

⑧ 警察は、その詐欺師の**あくどい**手口を解明した。

6日目　練習（p.41）

① **おおかたの**人が、彼の意見に賛成した。

② 今回、価格を**大幅に**値下げしました。

③ 消費税の値上げには**断然**反対します。

④ この分野は、ここ１０年で**めざましい**進歩を遂げた。

⑤ このあたりは**いたるところ**にコンビニがあります。

⑥ 砂糖は**若干**多めに入れたほうがおいしいです。

⑦ 口げんかでは妻のほうが**圧倒的に**強い。

⑧ **いかなる**場合でも相談に応じます。

7日目　まとめの問題（p.44〜46）

問題1

１ 一度払い込んだ入学金は、**いかなる**理由があっても返金しません。

＊いかなる（＝どんな）

2 母はいつも「お金がない、お金がない」と**ぼやいている。**

＊ぼやいている（＝文句を言っている）

3 彼女はいま、ロックに**かぶれて**います。

4 凶悪犯は**あっけなく**逮捕されてしまった。

＊あっけなく（＝簡単に）

5 このプリンはとても**なめらかな**舌触りですね。

6 母の愛情の**こもった**手作りのお弁当。

7 地震で倒れたビルの下から**かすかな**声が聞こえる。

8 津波はその地方に大きな被害を**もたらした。**

＊もたらした（＝引き起こした）

9 近所に雷が落ちて、**ものすごい**音がした。

10 安かったから仕方がないかもしれないが、このソファーは作りがとても**雑**です。

＊作りが雑（＝ていねいに作られていない）

問題2（＿＿＿＿は正しい表現の例）

11 袋が大きく、**かさばって**持ちにくい。

＊「かさばる」は物が場所をとり、じゃまな状態を表す

1．食事代がかさんでしまった

12 社長との面談で、緊張のあまり**どもって**しまった。

＊「どもる」は話すときに言葉が滑らかに出ない様子を言う

2．家に明かりがともっている

3．頭がだんだんぼけてきた

4．パソコンがついにこわれた／いかれた

13 怒った妻は「勝手にすれば？」と**そっけない**返事をした。

＊「そっけない」は人への態度が冷たい様子を表す

2．事件はあっけなく解決した

3．あっさり／簡単には合格できないでしょう

14 あんなにはやったゲームだが、あっという間に**すたれて**しまった。

1．植木が枯れてしまった

4．ごまかしてもだめだよ

15 そういえば、**ひさしく**すきやきを食べていないなあ。

＊「久しい」は長い時間が経過している様子

1．久しぶりに素晴らしい映画を見た

4．親しくない関係の人には…

問題3

16 久しぶりにジョギングをしたら、**ばてた**（とても疲れた）。

17 私はスポーツは何でも得意だが、水泳だけは田中さんに**かなわない**（負ける）。

18 それは、どこにでもいる**ありふれた**（平凡な）虫です。

19 久しぶりに会った高校時代の同級生は、とても**ふけて**（実際の年齢より上に）見えた。

20 そのスケート選手は、最初のジャンプを**しくじって**（失敗して）しまった。

第3週

1日目　練習（p.49）

① 雨の日が続いて、部屋が**じめじめ**している。

② 犬がえさを前にして、**だらだら**よだれをたらしている。

③ 運送料は業者によって**まちまち**です。

④ 野原をちょうちょが**ひらひら**飛んでいる。

⑤ **ばらばら**のジグソーパズルを組み合わせて完成させた。

⑥ **すらすら**と日本語が読めるようになりたい。

⑦ 契約に失敗した。上司は**かんかん**に怒るだろう

なあ。

⑧ 絶対に当選すると思っていたので、彼が落選したのは**はなはだ**残念なことです。

2日目　練習（p.51）

① 彼は住居を**転々**とした。
② このラーメン屋には**ちょくちょく**きます。
③ 済んだことをいつまでも**くよくよ**しても仕方がない。
④ 話題の本を買おうと思って**ほうぼう**探したが、どこも売り切れだった。
⑤ このレポートは**ところどころ**字の間違いはあるが、いい内容だ。
⑥ 彼女は、文句を言いながらも**しぶしぶ**仕事を手伝ってくれた。
⑦ 今から駅に向かったら、10時の電車に**ゆうゆう**間に合うでしょう。
⑧ 彼は家を買う資金を**こつこつ**貯めている。

3日目　練習（p.53）

① 「たばこ」という言葉は**てっきり**日本語だと思っていたけど、違うんだね。
② 彼は、それが自分の犯行であることを**あっさり**認めた。
③ ライトアップで東京タワーが夜空に**くっきりと**浮かび上がった。
④ 彼女は**さっと**立ち上がって、座席を老人に譲った。
⑤ 新しい携帯電話の使い方が**さっぱり**わからない。
⑥ 今日限りで**きっぱり**と酒をやめます。
⑦ 遊んだ後はおもちゃを**きちっと**片付けなさい。
⑧ 運動して汗を**びっしょり**かいた。

4日目　練習（p.55）

① 彼女はぐっすり寝ていて、**いっこうに**目を覚ます気配がない。
② 私は**いまだに**海外旅行をしたことがない。
③ 新タイプの機種ですが、値段は**さほど**高くないですよ。
④ 最初は違和感があるけど、**じきに**慣れるよ。
⑤ 妻は**四六時中**文句を言っている。
⑥ 後ろから**不意に**呼びかけられて驚いた。
⑦ 最近の高校生は**片時も**携帯電話を離さない。
⑧ 30年ぶりに母校を訪ねたら、**かつて**校庭だったところに大きなマンションが建っていた。

5日目　練習（p.57）

① このカップ麺は、あそこのラーメン屋より**よっぽど**おいしい。
② 彼は何も言わないが、**さも**いやそうな顔をしている。
③ 虫に刺されたところをかいたら、**なおさら**かゆくなった。
④ あのおばあさんは、昔は**さぞかし**美人だったことでしょう。
⑤ 今日、外は**やけに**寒いです。
⑥ 棚の角に**もろに**頭をぶつけてしまった。
⑦ 試験問題はとても難しく、**てんで**わからなかった。
⑧ 年をとっても健康でいられるということは**なにより**ですね。

6日目　練習（p.59）

① 夫婦円満だと思っていたのに、**どうやら彼らは**離婚したらしい。
② **仮に**手術したとしても、彼は助からなかっただろう。
③ あれ、おかしい。**ひょっとすると**道を間違えた

かもしれない。

④ チームは**かろうじて**予選を勝ち抜いた。

⑤ お客様には**つとめて**笑顔で接してください。

⑥ 申し訳ありません。その本は**あいにく**在庫を切らしております。

⑦ これは、季節の野菜を**ふんだんに**使った料理です。

⑧ いくつも提案したが、私の案は**ことごとく**受け入れられなかった。

7日目　まとめの問題（p.62〜64）

問題1

1 うそをついているのがばれるのではないかと、**はらはら**した。

2 父は**再三**医者に忠告されているにもかかわらず、酒をやめようとしない。

　　＊再三（＝何回も）

3 衝突事故を起こした車は、**ぐちゃぐちゃに**つぶれていた。

　　＊ぐちゃぐちゃに（＝めちゃめちゃに）

4 荷物は、**とりあえず**そこに置いておいてください。

5 徹夜で作業して、**かろうじて**期限に間に合わせることができた。

　　＊かろうじて（＝何とか／ぎりぎりで）

6 ブランド品と見れば何でも買う彼女には、**つくづく**愛想が尽きた。

　　＊つくづく愛想が尽きる（＝本当にいやになる）

7 赤ちゃんの肌は**つやつや**している。

　　＊光っている様子

8 彼に注意しなくても、**おのずと**その間違いに気が付くだろう。

　　＊自ずと（＝自然に）

9 そろそろ失礼します。**長々**とおじゃましました。

　　＊長々と（＝長い時間）

10 最近、昼食は**もっぱら**隣のラーメン屋で済ませています。

　　＊もっぱら（＝いつも）

問題2　（＿＿＿ は正しい表現の例）

11 そんな自分勝手な要求は、**到底**受け入れられません。

　　＊「到底」は「どうやっても」の意味で後に否定が来ることが多い

　1．じきに／そのうち進展するでしょう

　4．絶対に吸わないでください

12 傘が無かったので、かばんの中まで**ぐっしょり**ぬれてしまった。

　　＊「ぐっしょり」は水にぬれた様子を表す

　3．雨がざあざあ降っていた

　4．部屋がじめじめしている

13 最近のテレビは同じような番組ばかりで、**うんざり**だ。

　　＊「うんざり」は飽きていやになった気持ちを表す

　1．じっくり考えてからお返事いたします

　3．力なくぐったりと寝ていた

　4．さっぱり／ちっともわかりません

14 新型ロケットの打ち上げは、**ことごとく**失敗してしまった。

　　＊「ことごとく」は「全部」の強調で硬い表現

　2．とりわけ／とくに好きです

　3．駅までひたすら走り続けて…

15 私は、甘いものの中でも**とりわけ**ショートケーキが好きです。

　　＊「とりわけ」は「特に」の少し硬い表現

　1．取りあえずビールをお願いします

　2．たいてい／もっぱら家でごろごろしています

　3．遠いところをわざわざお越しいただき…

16 花は何でも好きですが、**ことに**（特に）バラが
　　好きです。

17 あの先生の哲学の講義は、私には**まるっきり**
　　（まったく）理解できなかった。

18 参加ご希望の方は、**あらかじめ**（前もって）申
　　込書を提出しておいてください。

19 彼は、**しょっちゅう**（たびたび）遅刻します。

20 横柄な店員の態度に**むかむかした**（腹が立った）。

第4週

1日目　練習（p.67）

① 息子もそのうち、物事の良し悪しの**分別**がつく
　　ようになるだろう。

② 田中さんの意見に全員が**同意**した。

③ 彼は平気な顔をしているが、**内心**は穏やかでは
　　ない。

④ これは、オークションで**入手**した中古の冷蔵庫
　　です。

⑤ この掃除機は小さくて軽いので、**手軽**に持ち運
　　べる。

⑥ このメールの差出人には**心当たり**がありませ
　　ん。

⑦ 家族で**手分け**して、家中の掃除をした。

⑧ 給料をもらっても、支払いが多くて、**手元**に
　　はいくらも残らない。

2日目　練習（p.69）

① 彼は面倒なことはいつも**後回し**にする。

② 彼の**出生地**は、青森です。

③ 息子はゲームに熱中していて、話しかけても**上
　　の空**だ。

④ 火事が発生して、消防車が**出動**した。

⑤ しょうゆで**下味**をつけておいたので、焼くだけ

ですぐ食べられます。

⑥ **人気**のない公園で火事が起こった。

⑦ 問い合わせに対する**回答**がやっと届いた。

⑧ さあ、**気合**を入れてがんばろう！

3日目　練習（p.71）

① 日本では、少子高齢化が**進行**している。

② **万人**の共通の願いは、健康であることだ。

③ 政府が緊急**声明**を発表した。

④ 車の中だと、**人目**を気にせず大声で歌を歌える。

⑤ その件に関しては、**目下**検討しているところで
　　す。

⑥ 私が**先頭**に立って改革を成しとげるつもりで
　　す。

⑦ 住宅ローンが我が家の**家計**を圧迫している。

⑧ あの俳優は、実力より人気が**先行**しているね。

4日目　練習（p.73）

① 嵐のため、電車のダイヤが**終日**乱れた。

② これは、業者向けなので**小売り**はしません。

③ こうなったら**意地**でも完成させてみせよう。

④ 仕事の**合間**に、お気に入りのコーヒーショップ
　　に立ち寄った。

⑤ 大雪なので、外出するのを**見合わせた**。

⑥ 彼は、いまだに親から**自立**できていない。

⑦ 湖で、**正体**不明の生物が目撃された。

⑧ 警察は、その事件の捜査に**着手**した。

5日目　練習（p.75）

① 本日の講演の**主題**は、エコロジーです。

② その国は、世界有数の石油**産出国**である。

③ 父の**代理**で市役所に介護保険の申請に行った。

④ 京都には、伝統的な**年中行事**が多くありま
　　す。

⑤ 彼とは大学を卒業して以来、**音信不通**です。

⑥ 会社の繁栄のために、**世代交代**は避けられない
だろう。

⑦ パイナップルは、ハワイの**特産物**です。

⑧ 薬の**副作用**で、髪の毛が抜けてしまった。

6日目　練習 (p.77)

① 次期社長は田中専務だろうという意見が**有力**
だ。

② 川の**土手**に沿って道路がある。

③ 酒の席で、つい**本音**を打ち明けてしまった。

④ 今年度の**国家予算**は、前年を上回った。

⑤ 新しいプロジェクトを**発足**させた。

⑥ 2週間で10ヵ所も回るという無理なスケ
ジュールを**強行**した。

⑦ その銀行は、一時**国有化**された。

⑧ その家は、崖が崩れて大量の**土砂**に埋まった。

7日目　まとめの問題 (p.80〜82)

問題1

① このバッグは、財布を入れるのに**手ごろ**な大き
さだ。

　　*手ごろな（＝ちょうどいい）

② その会社は、この春、海外に**進出**するらしい。

③ 彼は、**下心**があって、大金持ちの彼女にアプロー
チした。

　　*下心（＝ひそかに考えていること）

④ 警察は、犯人逮捕の**手がかり**をつかんだようだ。

⑤ 彼は、親に言われたのではなく、**自発的**に留学
したいと言った。

　　*自発的に（＝自分から進んで）

⑥ この病気**特有**の症状は、下痢と吐き気です。

　　*特有の（＝それだけが持っている）

⑦ 長野県の**名産**はりんごです。

⑧ 今度の展覧会には、この絵を**出品**しよう。

⑨ リストラされた彼は、今はコンビニのバイトで

生計を立てている。

　　*生計を立てる（＝生活するためのお金を稼ぐ）

⑩ この地方では、正月に川で泳ぐという**風習**があ
る。

問題2　(＿＿＿ は正しい表現の例)

⑪ ペットブームが最近**下火**になってきた。

　　*「下火になる」は盛んだったことの勢いがな
くなるという意味

⑫ 味付けを間違えてしまい、せっかくのシチュー
が**台無し**になってしまった。

　　*「台無し」はすっかりだめになること

⑬ この経験を**生かして**、今後の仕事に役立ててく
ださい。

　　*「生かす」は効果的に使うこと

⑭ 容器は商品の**目方**に含まれていません。

　　*「目方」は物の重さのこと

　　1．行方が不明なので…

　　2．人目を避けて帰っていった

　　3．どうなるか、予測が付かない

⑮ これは原価は安いのに、**小売り**価格があまりに
高い。

　　*「小売り価格」は消費者が買う価格

　　2．コンサートの前売り券

　　4．建売住宅

問題3

⑯ 彼は、ある現象に**着目**して（注意を向けて）、
新しい発見をした。

⑰ 彼が来たら、すぐ出発できる**手はず**（準備）は
整っている。

⑱ 事故の影響で、バスのダイヤは**終日**（一日中）
乱れた。

⑲ **目下**（その場）のもうけに目がくらんで株を
売ってしまい、後でたいへん後悔した。

⑳ 学問でもスポーツでも**土台**（基礎）が大事だ。

第5週

1日目　練習（p.85）

① 彼は、**前科**があるので、就 職 は難しいだろう。

② **正当**な理由がなく、この建物に入ることは禁止します。

③ 公園で**身元**のわからない遺体が見つかった。

④ 大地震が来るというので、とりあえず**身の回り**のものだけを持って避難所に行った。

⑤ 彼は**表向き**は普通の会社員だが、実は刑事です。

⑥ 古い車を**下取り**に出して新車を買いました。

⑦ 新人タレントを売り出すためには、いろいろな**根回し**が必要だ。

⑧ あなたの給 料は、税金を差し引いて、**手取り**でこの金額になります。

2日目　練習（p.87）

① 小さい輪がいくつも**連なった**ネックレス。

② 犯人の**予告**どおり、犯行が行われてしまった。

③ もらった報酬を全員で**公平**に分けた。

④ その店員は**誠実**に対応をしてくれた。

⑤ 彼は、母親に万引きをしてしまったことを**告白**した。

⑥ 我々は、自然と**調和**のとれた街づくりを目指している。

⑦ その俳優が実は結婚しているということが、先日、**公**になった。

⑧ 彼は、入院中に書いた**手記**をまとめて出版した。

3日目　練習（p.89）

① 会議で新しい製品の必要性を**説いた**。

② これは、本物を忠実に**再現**した模型です。

③ 親に**説得**されて、進学をあきらめた。

④ 魚市場で新鮮な魚介類を**仕入れた**。

⑤ 彼は、まじめで**人柄**の良い人物です。

⑥ 定期預金に少しだけ**利子**がついた。

⑦ 彼は、失敗するといつも見苦しい**言い訳**ばかりする。

⑧ 最近は、情報という文字を**有する**学部が多い。

4日目　練習（p.91）

① 彼女は、歌手を**志して**上 京 した。

② 年を取っても、彼の腕は**鈍って**いない。

③ 健康を**損なわない**ように注意してください。

④ この失敗については、彼が全責任を**負う**そうだ。

⑤ 我が社の製品は、すべて安全基準を**満たして**います。

⑥ この子には芸術の才能が**備わっている**。

⑦ リサイクルして物を作るのには、実はかなりのエネルギーを**費やす**らしい。

⑧ 我が国も、かつては天然資源に**富んで**いた。

5日目　練習（p.93）

① 夕焼けで赤みを**帯びた**空がきれいだ。

② 父は、料理の面白さに**目覚めた**らしく、毎日台所に立っている。

③ 彼女は、毎日異国で暮らす息子の健康を**案じて**いる。

④ 我がチームは、やっと最下位から**脱する**ことができた。

⑤ 最近、この地方に大きい地震が**相次いで**起こっている。

⑥ 兄は、土日はマージャンに**興じている**。

⑦ 彼は、親の教えに**背いて**、不良になってしまった。

⑧ 彼は、父親が**築いた**財産を次々と売ってしまった。

6日目　練習（p.95）

① 朝の電車は、**過密な**ダイヤで運行している。

② 株の売買は、**自己責任**で行うものです。

③ チラシの 30 日（土）は**誤り**です。正しくは 30 日（日）です。

④ この切手は、将来**値打ち**が出るかもしれない。

⑤ フリーズしたパソコンを**強制的に**終了させた。

⑥ 彼は、知事選に立候補する**決意**を固めたようです。

⑦ 事故の現場を**目の当たり**にして、恐ろしかった。

⑧ これは、我が社が開発した**画期的な**新技術です。

7日目　まとめの問題（p.98 ～ 100）

問題1

1 新薬の開発は、実験動物を対象に安全性や効果を**試さ**なければならない。

2 兄弟でもめないように、ケーキを**公平**に切り分けた。

＊公平（＝平等）

3 **身内**だけでささやかな結婚式を挙げた。

＊身内（＝家族や親しい親せき）

4 隣人は変わっているが、このあたりは環境に**恵まれている**地域で気に入っている。

5 この新しい装置は、自動車産業にとって、**画期的な**発明である。

＊画期的な（＝これまでとまったく違う新しい）

6 彼の推理は、はなはだしく**見当違い**だ。

＊見当違い（＝推測・判断が違っている）

7 彼は、まだ高校 1 年生だが、将来**有望**な野球選手になるだろう。

8 仕事をサボってマージャンに**興じて**いたところを、上司に見つかってしまった。

＊に興じる（＝おもしろくて熱中する）

9 **従来**通りのやり方ではだめだ。別の対策を考えなければならない。

＊従来（＝今まで通り）

10 彼女の家がゴミだらけだという**実態**を誰も知らない。

＊実態（＝実際の状態）

問題2　（＿＿＿ は正しい表現の例）

11 彼のジョークのおかげで、固かった雰囲気が一気に**和んだ**。

1．寝たらすっきりしました／落ち着きました

12 **勝手**に決めないで、私にも相談してください。

＊「勝手」はほかの人のことを考えず、自分だけで、という意味

13 社員を大事にしない会社は、信頼に**値しない**。

＊「～に値しない」は「～の価値がない」「～の値打ちがない」という意味

14 選挙での**根回し**が失敗して、彼は落選したと言われている。

3．書類を回覧しておいてください

15 今度の仕事は、かなり**実入り**がよい。

1．新入り／新人が来た

問題3

16 この電球は高いが、大幅な電気代の節約になるという**利点**（メリット）がある。

17 成績でずっと一位を**保つ**（維持する）のは難しいことです。

18 私の母は、用事を**指図して**（言いつけて）ばかりで、自分では何もしない。

19 そちらに伺いたいのですが、**最寄りの**（一番近い）駅はどこでしょうか。

20 父の**命令に背いて**（命令を聞かないで）、大学をやめた。

1日目　練習（p.103）

① 彼のギャグは、全然**うけなかった**。
② パンにハムを**はさんで**食べました。
③ つい口を**すべらせて**、彼の秘密をばらしてしまった。
④ そのときの経験が、今の自信に**つながっている**。
⑤ 彼女が結婚するといううわさを耳に**はさんだ**。
⑥ ドアを開けるとき、手が**すべって**持っていた本を落としてしまった。
⑦ 彼らは戸籍上は兄弟だが、血は**つながっていない**。
⑧ 彼の家は、うちの前の道路を**はさんで**向こう側にある。

2日目　練習（p.105）

① 会議で反対意見が出ないよう、事前に手を**引いて**おいた。
② こんなに遅い時間まで子どもを**連れ回す**のは、非常識だ。
③ 桜の花びらが風に**乗って**運ばれてきた。
④ この肉はまだ火がじゅうぶんに**通って**ないから、もう一度焼いてください。
⑤ 彼女は、泣いてみんなの注意を**引いた**。
⑥ 彼は、イギリスではかなり名の**通った**作家です。
⑦ 気が**乗らない**けれど、上司に飲みに誘われたら断れない。
⑧ 彼の提案は筋が**通っている**が、実現するのは難しいだろう。

3日目　練習（p.107）

① 彼とは固い友情で**結ばれている**。
② 彼らは結婚して数年間は、幸せな日々を**送って**いた。
③ 努力が実を**結んで**、実験に成功した。
④ 私は胸を**はって**、この作品には自信があると言えます。
⑤ 操作を間違ったらしく、一瞬でデータが**とんで**しまった。
⑥ 彼女の誤解が**とける**には時間がかかるだろう。
⑦ パチンコで一万円札が**飛んで**いった。
⑧ その2社は、合併の契約を**結んだ**。

4日目　練習（p.109）

① これからのローンの返済を考えると気が**重い**。
② この仕事を**あまく見ている**と、あとで大変だよ。
③ 彼にそのように言ったのは非常に**まずかった**。
④ やっと不況を脱したようで、今後の景気の見通しは**明るい**。
⑤ タバコをやめようと**かたく**決心をした。
⑥ 「大もうけできますよ」という**甘い**誘いにのって、全財産を失ってしまった。
⑦ 彼は、頭が**かたい**から、自分の意見を変えないでしょう。
⑧ 我が社は今回の事故を**重く**受け止め、再発防止に努めます。

5日目　練習（p.111）

① 長い人生には、良いときと悪いときの**波**がある。
② 今日の授業は、**ばかに**難しかったね。
③ ホテルを**後にして**、駅へ向かった。
④ 通うのはいいが、交通費がバカに**ならない**。
⑤ その病原菌の**息の根**を止める新薬が発明された。
⑥ 昔のことをいつまでも**根に持つ**のはやめましょう。
⑦ 警官は、その不審な男の**後をつけた**。
⑧ 正直者が**バカをみない**社会であるべきだ。

① 首相はきちんと**筋の通った**説明をした。
　しゅしょう　　　　　　すじ とお　せつめい
② 天候に恵まれて、工事はだいぶ**先へ**進んだ。
　てんこう めぐ　　　　こうじ　　　　　さき すす
③ **話の種**に、新しくできたレストランへ食べに
　はなし たね　あたら　　　　　　　　　　　　た
　行ってみた。
　い
④ 犯人の**当たり**をつけて、捜査を開始した。
　はんにん あ　　　　　　　そうさ かいし
⑤ 君は**筋**がいいから、すぐに試合に出ることがで
　きみ すじ　　　　　　　　　しあい で
　きるだろう。
⑥ 一人前の医者になるまでの**道**は長いですよ。
　いちにんまえ いしゃ　　　　　みち なが
⑦ ラッシュアワーの時間、乗客は**先**を争って電
　　　　　　　　じかん じょうきゃく さき あらそ　でん
　車に乗ったり降りたりしている。
　しゃ の　　お
⑧ 彼は、覚醒剤に手を出すという、人の**道**に外れ
　かれ　かくせいざい て だ　　　　　　ひと みち はず
　たことをした。

問題1

1 彼は、芸能界の話題にとても**明るい**。
　かれ　げいのうかい わだい　　　　　あか
　＊明るい（＝詳しい）
　　あか　　　くわ
2 彼女は、口は悪いけど**根**はやさしい人ですよ。
　かのじょ　くち わる　　ね　　　　　　ひと
　＊根（＝本来の性質）
　　ね　ほんらい せいしつ
3 息子は、頭が少し**かたい**。頑固な父親にそっく
　むすこ　あたま すこ　　　　　がんこ ちちおや
　りだ。
4 うまい話に**乗らない**ように気をつけよう。
　　　　はなし の　　　　　　き
5 何回も振り込みをすると、手数料が**バカになら**
　なんかい ふ こ　　　　　てすうりょう
ない。
　　＊バカにならない（＝軽視することができない）
　　　　　　　　　　　けいし
6 もう遅いので、後は明日に**回して**今日は帰りま
　　おそ　　　あと あす まわ　きょう かえ
　しょう。
7 もう少しスピードを出していたら、大事故につ
　　すこ　　　　　だ　　　　　だいじこ
ながるところだった。
8 妻は、私が昔、浮気をしたことを、いまだに**根**
　つま　わたし むかし うわき　　　　　　　　ね
　に持っているようだ。
　　も
9 子どもの学費の支払いでボーナスが**飛んで**し
　こ　　　がくひ しはら　　　　　　　と
　まった。
　　＊飛ぶ（＝すぐに消えてなくなる）
　　　と　　　き

10 親友が詐欺で逮捕されて、とてもショックを**受**
　しんゆう さぎ たいほ
けた。

問題2　（______ は正しい表現の例）
　　　　　　　　　　ただ　ひょうげん れい
11 その会社は不況の**波**を受けて、ついに倒産して
　かいしゃ ふきょう なみ う　　　　　とうさん
　しまった。
　　1．＊「波に乗る」は調子のいい様子を表す
　　　　　　なみ の　　　ちょうし　　ようす あらわ
12 湖水の上を白鳥が**すべる**ように泳いでいる。
　こすい うえ はくちょう　　　　　およ
　　1．手がすべってコップを落としてしまった
　　　　て　　　　　　　　お
　　2．口がすべってしまい
　　　　くち
13 彼の主張は、一応、筋が**通って**いる。
　かれ しゅちょう いちおう すじ とお
　　2．手を回した。
　　　　て まわ
　　3．駅まで送っていきましょう
　　　　えき おく
　　4．問題がやっと解けた
　　　　もんだい　　と
14 ブレーキランプのヒューズが**飛んで**しまった。
　　　　　　　　　　　　と
　　2．氷が一気に解けてしまった
　　　　こおり いっき と
　　3．髪の毛が抜けて、はげてきた
　　　　かみ け ぬ
15 私の父は、世界の地理に**明るい**。
　わたし ちち　せかい ちり あか
　　＊「地理に明るい」は地理に詳しいという意味
　　　　ちり あか　　　ちり くわ　　　　いみ
　　1．責任感のある／強い人
　　　　せきにんかん　　つよ ひと
　　4．孫に甘い
　　　　まご あま

問題3

16 ここでは**まずい**（都合が悪い）から、別の場所
　　　　　　　　つごう わる　　　　べつ ばしょ
　で話そう。
　　はな
17 彼は、**身を引いて**（自分からやめて）、後輩に仕
　かれ　み ひ　　　　じぶん　　　　　　こうはい し
　事を譲った。
　ごと ゆず
18 手品の種（**仕掛け**）がばれた。
　てじな たね　しか
19 わがチームの優勝は**かたい**（間違いない）でしょ
　　　　　　ゆうしょう　　　　まちが
　う。
20 授業料のことを考えると**気が重い**（憂うつだ）。
　じゅぎょうりょう　　　かんが　　　き おも　ゆう

1日目　練習（p.121）

① 彼が**カンニング**したのは明白だ。
② 会議でモニターを使って**プレゼン**をした。
③ これは、**バイオ**の技術を利用して作った害虫に強い野菜です。
④ 会社を**リストラ**されたらどうしよう。
⑤ 彼は時間に**ルーズ**な人間だ。
⑥ エコカーには**ハイテク**技術がたくさん使われている。
⑦ いいマンションだが、交通の便の悪さが**ネック**になって、なかなか借り手がいない。
⑧ ハリウッドスターの**ギャラ**はとても高い。

2日目　練習（p.123）

① 彼女は、顔と声にずいぶん**ギャップ**があるね。
② **バブルがはじけて**、経済は落ち込んだ。
③ **ラフ**な格好で行ってもいいでしょうか。
④ 優勝のかかった最後の試合だから、かなりの**プレッシャー**だ。
⑤ **セキュリティー**対策は十分にしてあります。
⑥ ふかふかで**ソフト**な肌触りの毛布を買った。
⑦ 新型の車両は、より**シャープ**なデザインになった。
⑧ **ノルマ**があまりにもきつかったので、営業の仕事をやめました。

3日目　練習（p.125）

① 注意したら、彼は突然**キレ**た。
② ぼくは、自分の英語力を**グレードアップ**したい。
③ スリーサイズを計って**オーダーメイド**のスーツを作った。
④ 私は不運な経験が多いせいか、物事を**プラス**に考えられなくなっています。

⑤ 彼女が2歳年下の医師と来春**ゴールイン**するという記事が雑誌に載っていた。
⑥ 私は休日に、本業とは全く別の**サイドビジネス**をしています。
⑦ ご購入いただいた方には、さらに**プラスアルファ**の特典が付きますよ。
⑧ 3人に2人は、同じ本を**ダブって**買ってしまったという経験があるそうだ。

4日目　練習（p.127）

① 花火を**打ち上げた**。
② 昨夜、友達に借りていたお金を強引に**取り立て**られた。
③ 昨日、その通りで酔っ払い運転の**取り締まり**をしていた。
④ 北海道から評判のチョコレート菓子を**取り寄せ**た。
⑤ 友人に悩みを**打ち明けた**。
⑥ 一人の中年女性が列に**割り込ん**できた。
⑦ その選手は事故を起こして、引退に**追い込まれ**た。
⑧ ゴマ油がこの料理の味を**引き立てて**いる。

5日目　練習（p.129）

① 首相は政権を途中で**投げ出した**。
② **出っ張った**釘で服が破けてしまった。
③ 売り上げがどんどん**落ち込ん**でいる。
④ 名前を呼ばれて**振り返ったら**、山田さんだった。
⑤ ガムを口に**放り込んだ**。
⑥ 夜中にこっそり家を**抜け出して**、遊びに行った。
⑦ 彼は、ギターの練習に**打ち込ん**でいる。
⑧ このあたりは、海を**埋め立てて**作った土地だ。

6日目　練習（p.131）

① 彼は、絶対やってないと**言い張った**。

② 詐欺にあって、店を**乗っ取られた**。

③ イルカが2匹、仲よく**寄り添って**泳いでいる。

④ 開店したら、大勢のお客さんが**押し寄せて**きた。

⑤ 彼は、医師の忠告を**押し切って**試合に出た。

⑥ 客がいなければ商売は**成り立たない**。

⑦ ついに問題集を丸々一冊**やりとげた**。

⑧ 気持ちを**切り替えて**、さあ、また一から出直しだ。

7日目　まとめの問題（p.134～136）

問題1

1 そのバンドは、デビュー10年目で**ブレイク**した。

　　＊ブレイクした（＝急に人気が出た）

2 私は、ふだんお酒を飲むと**テンション**があがるが、今日はまったく気分がよくならない。

　　＊テンションが上がる（＝気分が盛り上がる）

3 警察は誘拐犯と、人質を解放させるための**取り引き**をした。

　　＊取り引きをする（＝交渉をする）

4 人気番組もあまり長く続くと**マンネリ化**してくるものだ。

　　＊マンネリ化（＝同じような感じでつまらなくなる）

5 最近の携帯電話は機能が多くて、全部を**使いこなす**のは大変です。

6 今週はスケジュールが**タイト**なので、映画に行くのは来週にしよう。

　　＊タイトだ（＝きつい）

7 お近くにお越しの際は、ぜひ**お立ち寄り**ください。

8 そのマラソン選手は、なぜか中間地点を**折り返し**たところでコースを外れた。

9 彼が変なことを言って**かき回した**ので、楽しいパーティーが台無しになった。

　　＊かき回す（＝混乱させる）

10 予算が**ネック**になって、その企画は会議を通らなかった。

　　＊ネックになる（＝問題になる）

問題2 　（＿＿＿は正しい表現の例）

11 それは日本に**持ち込む**ことはできないんじゃないの。

　　2．パソコンに音符を打ち込んで…

　　3．無理やり口に押し込んだ

　　4．バッグに詰め込んで／詰めて／入れて

12 私は、震災で被害を受けたことが**トラウマ**になっている。

　　＊「トラウマ」は過去にあったショックなできごとが原因の精神的な傷のこと

13 彼は体が不自由であるという**ハンデ**を乗り越えて、国立大学に合格した。

　　＊「ハンデ」は不利な条約のこと

14 父が意識を**取り戻して**、また話ができることを願っています。

　　＊「取り戻す」は一度なくしたものをもう一度自分のものにするという意味

　　1．災害を乗り越えて立ち直った

15 年をとったせいか、最近の若者との**ギャップ**を感じる。

　　＊「ギャップ」は大きなズレや食い違いのこと

　　4．あなたと私のギャップに驚いてしまった。

問題3

16 新型の車のデザインを**ラフに**（おおまかに）手書きで書いてみました。

17 彼は病気で入院していたので、一年**ダブった**（留年した）。

18 始まったばかりのドラマがもう**打ち切り**（終了）になってしまった。

19 デパートの開店と同時に、客が**押し寄せて**（どっと入って）きた。

20 彼女に新しいドラマへの出演の**申し入れ**（オ
　ファー）が来た。

第8週

1日目　練習（p.139）

① 熱いなべを手で**じかに**つかんで、やけどをして
　しまった。

② かゆいので肌をかきむしったら、血が**にじんで**
　きた。

③ 最近、お酒を飲む量を減らそうと**心がけて**いま
　す。

④ 転んだら、腰の骨に**ひび**が入ってしまった。

⑤ 私は**小粒の**納豆が好きです。

⑥ **しなびた**白菜があったが、スープにしたらおい
　しかった。

⑦ 彼は、**いかにも**政治家らしい口調で話す。

⑧ 靴のひもが**ほどけて**いるよ。

2日目　練習（p.141）

① スリを追いかけたが、途中で**見失って**しまっ
　た。

② 全社員に**一斉に**メールを送った。

③ 古い家がリフォームで、**見違える**ようになった。

④ ドラマの最終回を**見逃して**しまった。

⑤ 黒い煙が空**一面**に広がっている。

⑥ ここからの眺めは、**一見**の価値がある。

⑦ この棚の商品は**一律**3割引きになっています。

⑧ 新型の車は、以前のデザインを**一新**した。

3日目　練習（p.143）

① 彼の人を見下した態度が、**鼻につく**。

② あの人は口が**こえている**から、そのレストラン
　の料理では満足しないでしょう。

③ 答えるのに頭を**かかえる**ような質問がたくさん

来た。

④ ありがとうございます。そうしていただけると

　私の**顔が立ちます**。

⑤ 彼の努力には**頭が下がる**。

⑥ 美しい歌声に**耳を傾けた**。

⑦ 彼女はそれを聞いたとたん、**目を丸くして**驚き
　の声をあげた。

⑧ 女優の中でも、彼女は特に**目を引く**美しい女性
　です。

4日目　練習（p.145）

① 服装だけでなく髪型にも**気を配る**。

② イカの刺身は**足が早い**ので、今日中に食べたほ
　うがいいです。

③ 私の学校は、やたら規律にうるさいので**息が詰
　まる**。

④ その景色の美しさに、思わず**息をのんだ**。

⑤ 客が多くても少なくても、彼はいつも**手を抜か
　ない**演奏をする。

⑥ 老いた母は、我が子の帰国を**首を長くして**待っ
　ていた。

⑦ こんな大きな犬を飼うのは、ちょっと私の**手に
　余る**と思います。

⑧ ハイキングで一日中歩き回ったら、足が**棒に
　なった**。

5日目　練習（p.147）

① 祖父の自慢話は、**耳にたこが出来る**ほど聞かさ
　れた。

② **差し支えなければ**、お名前をお教えくださいま
　せんか。

③ 若いころなら**いざ知らず**、今そんな無茶をする
　と体を壊すよ。

④ 欲を言えば、**キリ**がないから、このくらいのア
　パートでいいんじゃないかな。

⑤ **来る** 10月10日に、体育祭が行われます。

⑥ **申し訳ありませんが**、その商品は弊社では取り扱っHistóriaておりませんN。

扱っておりません。

⑦ **のどから手が出るほど**、あのドレスがほしいです。

⑧ **お騒がせして申し訳ありません。**

6日目　練習 (p.149)

① 恩師の名前を**度忘れ**した。
② ボーリングの投球の**こつ**をつかんだ。
③ 彼の話は時間的に**つじつま**が合わない。
④ ビルの完成の**めど**がやっと**たった**。
⑤ 彼らは、とても**お似合い**のカップルですね。
⑥ 彼はシャツのボタンを**互い違い**に止めていた。
⑦ 初対面の彼女に**一目ぼれ**してしまった。
⑧ 時間を**勘違い**して、待ち合わせに遅れてしまった。

7日目　まとめの問題 (p.152 〜 154)

問題1

1 子犬のしつけには、**手を焼いて**います。
　＊手を焼いている（＝困っている）

2 彼の才能には、社長も**一目置いて**います。
　＊一目置く（＝相手が優れているところを認め、敬意を払う）

3 火事で家が焼け、彼は財産も**何もかも**失ってしまった。

　＊何もかも（＝すべて）失う

4 秋の夜、老いた母は虫の声を**耳をすまして**聞いていた。

　＊耳をすまして（＝聞こうと集中して）

5 彼女と待ち合わせしたが、どうも**行き違い**になったようで、結局会うことができなかった。

　＊行き違いになる（＝すれ違いになる）

6 朝の魚市場は、**猫の手も借りたい**ほど忙しい。

問題3

16 痛み止めの注射をしたので、**じきに**（すぐに）
痛みは和らいでくるでしょう。

17 彼は、**仕事一筋の**（仕事に熱中した）生活をし
ている。

18 これは、**私の手に負えない**（私にはできない）
問題だ。

19 彼女のことは、**一から十まで**（すべて）知って
いるつもりだ。

20 このおもちゃは、**一頃**（一時期）とてもよくはやっ
たね。

模擬試験　第1回

答え

問題1　1 3　2 1　3 4　4 3　5 3
　　　　6 2　7 1　8 2　9 4　10 4
　　　　11 1　12 2　13 3　14 1
問題2　15 2　16 4　17 3　18 1　19 1
　　　　20 3
問題3　21 1　22 3　23 2　24 4　25 2

正解文・解説

問題1

1 風邪を**こじらせない**ように、治りかけには気を
つけましょう。(p.19)

　　＊こじらせる（＝長引かせる）

2 彼とは、中学から大学まで同じ学校だったのに、
ろくに話したこともない。(p.39、p.55)

　　＊ろくに〜ない（＝ほとんど〜ない）

3 その詳細については、今週発売の雑誌の**特集**
記事に載っている。(p.74)

4 あの子は乱暴な口をきいていますが、**根**は優し
いいい子なんです。(p.111)

　　＊根（＝本来の性質）

5 いやな過去は忘れて、一から**出直し**たい。

＊出直す（＝再出発する）

6 駅前の高層マンションの建築は、今のところ**ス**
ムーズに進行しているようだ。(p.121)

　　＊スムーズに（＝順調に）

7 私は背骨のゆがみを**矯正する**ために、毎週、
整形外科に通っている。(p.22)

　　＊矯正する（＝正常な状態にする）

8 台風の被害による橋の修理には、**大まかに言っ**
て2週間はかかるでしょう。(p.41)

　　＊大まかに（＝ざっと）

9 **いざ**という時に頼りになる人が本当の親友と言
えるだろう。(p.54、p.146)

　　＊いざという時（＝もしもの時）

10 我が国の出生率は、前年度を**下回る**という状
況が10年以上続いている。(p.68)

11 健康診断の結果、医者から酒は**ほどほど**にする
ようにと言われている。(p.49)

　　＊ほどほど（＝ちょうどいい程度）

12 大会社に就職すれば安心だというのは、**もは**
や古い考え方だ。(p.58)

13 そんな**大胆な**ワンピースは着ると落ち着かない
から、私は買わない。(p.37)

14 知事が変わり、この地域の子どもを**取り巻く**環
境に大きな変化があった。(p.126)

問題2

15 上司の意見を疑問に思い、つい話の途中に**口**
をはさんで（割り込んで）しまった。(p.102、
p.127)

16 丁寧なお返事に、**誠に**（非常に）感謝しており
ます。(p.56)

17 僕はその事件と関わっていないと**きっぱりと**
（胸を張って）言えます。(p.52、p.106)

18 兄は食事もまともに取らないで、一日中ゲー
ムに**はまっている**（熱中している）。(p.34)

19 彼は英語が**流暢**（ペラペラ）で驚いた。(p.37)

20 私の開発した試作品が明日出来上がってくる。
わくわくする（待ち遠しい）。(p.14、p.50)

問題3（______ は正しい表現の例）

21 駅前にできた新しいレストランは、**凝った造り**をしている。(p.30)

　　＊「凝る」この文での意味は、細かい所にまで色々と工夫をするという意味

　　2．二度の失敗に懲りる

　　3．彼は物事にこだわらない

22 社長の**意向**で、来年度の新入社員の募集がなくなった。(p.72)

　　1．このクラスの学習進度

　　2．意志が弱い人間

　　4．アンケートの回答によると

23 父は年を取るにつれて、**理屈っぽく**なった。(p.13)

　　1．近所付き合いがわずらわしい

　　3．筋の通った論文

24 結婚する**前提**で交際をしていたが、最近、彼とうまくいっていない。(p.85)

　　＊「前提」はある物事が成り立つための前置きとなる条件のことを言う

　　2．前例がない

　　3．前置きが長くなる

25 この会社には、後輩を**引き立てて**くれるような先輩はいない。(p.126)

　　＊「引き立てる」は特別に目をかけるという意味を表す

　　1．利率を引き上げる

　　3．あの事件を引き起こした犯人

　　4．床を磨く

答え

問題1　1 2　2 1　3 4　4 4　5 1
　　　6 4　7 2　8 3　9 1　10 2
　　　11 2　12 4　13 4　14 1

問題2　15 1　16 4　17 2　18 2　19 1
　　　20 3

問題3　21 3　22 4　23 3　24 1　25 2

正解文・解説

問題1

1 最新の医療と母親の**辛抱強い**看病のおかげで、彼の病気は完治した。(p.12)
　　＊辛抱強い（＝がまん強い）

2 お客様のご希望に**沿えず**、大変申し訳ございませんが、ご了承くださいますようお願い申し上げます。(p.91)
　　＊希望に沿えず（＝希望を受け入れることができず）

3 私の**軽率な**行動が原因で、友人に不信感を抱かせてしまった。(p.13)
　　＊軽率な（＝あまりよく考えない）

4 彼は、最後に逆転ホームランを**放ち**、チームに勝利を導いた。(p.91)

5 必要経費を最小限に**とどめている**が、経営する店の存続は厳しい。(p.34)
　　＊とどめる（＝止める）

6 この家は住みやすくて気に入っている。欲を言えば**きりがない**が、コンセントの位置が残念だ。(p.146)
　　＊きりがない（＝終わりが見えない）

7 今月のノルマを達成するという**プレッシャー**から、眠れない日が続いている。(p.123)

8 彼の遅刻の言い訳は、いつも**ワンパターン**である。(p.124)

9 キャンプ場で8歳の少女が消息を**絶って**から、
もう2年になる。(p.91)

＊消息を絶つ（＝行方不明になる）

10 小学校時代の友人が泊まりに来た。話の**種**が
尽きなくて、夜を明かした。 (p.113)

＊種（＝材料）

11 あの人の顔はわかるんだけれど、名前が**さっぱ
り**思い出せない。(p.52、p.55)

＊さっぱり〜ない（＝全然〜ない）

12 私は**裕福な**家庭で育ったが、父親の会社が倒産
してから苦労の連続だった。(p.12)

＊裕福な家庭（＝経済的に恵まれている家庭）

13 お客様の問い合わせメールには、**すみやかに**返
信するよう心掛けてください。(p.36)

＊すみやかに（＝直ちに）

14 彼は、人を**見下す**ような態度を取るので、嫌いだ。
(p.72)

＊見下す（＝バカにする）

15 その会社の申し出を受け入れるのか、退けるの
か、**いずれにせよ**（どの道）、返事は今週中で
という早急な決断が迫られている。(p.59)

16 希望の大学の入試問題に挑戦したが、**手も足
も出なかった**（まったく取り組めなかった）。
(p.144)

17 少子高齢化が進み、我が国の**前途**（先行き）
が不安になってくる。(p.85)

18 友人の誘いに**乗って**（応じて）、ギャンブルに手
を出してしまった。(p.104)

19 彼女の連勝記録を**阻む**（破る）相手は、当分
現れないだろう。(p.20)

20 これは、ここを押すとふたが空いて電源が入る
という**仕組み**（構造）になっています。(p.89)

21 この辺りは、空高く**そびえる**超高層ビルばかり
で、緑が少ない。(p.32)

＊「そびえる」は非常に高く立つという意味を
表す

1．気持ちが<u>たかぶる</u>

2．生活費が<u>かさむ</u>

4．板が<u>反る</u>

22 その話し合いでは、**建設的**な意見はほとんど出
なかった。(p.95)

＊「建設的な意見」は、現状をよりよくしよう
とする提案や考え方という意味

1．<u>積極的</u>に質問する

2．<u>自発的</u>に参加した

3．<u>率直</u>に言って

23 好きな人に気持ちがわかってもらえず、とても
切ない。(p.14)

＊「切ない」とは、悲しくて胸が締め付けられ
るような気持ちを表す

2．<u>きまりが悪かった</u>

4．<u>うっとおしい</u>天気

24 お金持ちにならなくてもいい、**人並み**に食べて
いければ十分だ。(p.94)

＊「人並み」とは、世間一般の人と同じ程度で
あることを表す

2．物事の善悪

3．<u>従来通り</u>

4．<u>人任せ</u>にする

25 今日のお昼ごろ、食事がお済みになったころを
見計らって伺います。(p.141)

＊「見計らう」はだいたいの見当をつけるとい
う意味

1．間違いを<u>見落と</u>して

3．<u>見積もり</u>で

4．目的を<u>見失って</u>

MEMO

MEMO